# L'Operatività Martinista attraverso le Dieci Preghiere del Filosofo Incognito

di Filippo Goti

il pensiero esoterico

# INDICE

# Presentazione

*"La nostra preghiera potrebbe trasformarsi in un'invocazione attiva e perpetua, e invece di dire questa preghiera, potremmo eseguirla e attuarla in qualsiasi momento, preservando e guarendo continuamente noi stessi.» (Louis-Claude de Saint-Martin, Le Nouvel homme.)*

Il presente testo non ha come funzione quella di offrire delle riflessioni, per quanto argute e accattivanti, attorno alle "Dieci Preghiere" del Filosofo Incognito e neppure vuole confinarsi nella ridotta del perimetro martinista, bensì ambisce ad essere un fruibile manuale di fattiva e laboriosa Opera Interiore. La quale, nella semplicità e ricchezza dello strumento proposto, è rivolta a tutti coloro che senza preconcetti e con entusiasmo anelano a prendere contatto con quella scintilla sacra che in ognuno dimora. Sarà quindi un utile viatico per quei fratelli e quelle sorelle martinisti che desiderano approfondire l'opera divulgativa del Filosofo Incognito e infonderla nella loro pratica quotidiana di arricchimento della mente e nobilitazione dell'anima. Al contempo, avendo natura pubblica, è rivolta a tutti coloro che desiderano un solido supporto tradizionale che sappia essere anche moderno e semplice strumento impegno quotidiano.

D'altronde l'essenza della pratica non risiede tanto negli strumenti impiegati e nella loro classificazione, quanto piuttosto nella comprensione di come essi debbano rappresentare un corpo operativo coeso e congruo con gli obiettivi preposti ed esposti, che nel nostro caso non afferiscono tanto ad un generico avanzamento o perfezionamento dell'uomo – sorvoliamo poi sull'assurdità del progresso dell'umanità – quanto piuttosto nel servizio del "Culto Divino"; tema questo assai caro al Filosofo Incognito e al suo maestro Martines de Pasqually e al quale a tutti gli uomini di autentico desiderio deve essere dato modo di partecipare.

Da sempre la mia visione, la mia formazione e la mia intuizione mi hanno portato a privilegiare i benefici – mai come oggi così evidenti e necessari – di un viatico volto ad una presa di coscienza interiore e che si estrinsechi in un "carico di lavoro" prettamente individuale. Del resto gli impedimenti evidenti in cui oggi viviamo

3

e l'avvelenamento dei pozzi sapienziali suggeriscono prudenza e chiusura ermetica onde evitare cocenti delusioni.

In questo la via martinista – correttamente intesa e posta in essere - è eccezionalmente moderna in quanto offre strumenti facilmente fruibili e gemme di saggezza in grado di nutrire l'anima del praticante.

E' adesso utile illustrare questo breve manabile che si articola in una introduzione iniziale dove saranno fornite alcune riflessioni ed indicazioni per meglio fruire di quanto seguirà; successivamente nel paragrafo "Riflessioni nell'opera e nella sostanza di una preghiera consapevole" troviamo un connubio fra istruzioni volte ad una preghiera consapevole e sedici riflessioni attorno al corretto accingersi alla pratica. Sarà quindi necessario impiegarsi ed impegnarsi su ognuna di esse, in modo da realizzare sia una "fotografia" del nostro stato dell'essere e sia dotarci di un piano di lavoro da seguire costantemente e puntualmente.

Il paragrafo successivo è composto dalla novella traduzione delle "Dieci Preghiere", ognuna delle quali corredata da note, da un breve commentario e da quattro esercizi capaci di comprendere ogni aspetto della nostra composita natura. Infine troviamo un ultimo paragrafo composto da semi pensiero estratti dalle Dieci Preghiere, che possono accompagnare il fratello lungo un percorso di pratica meditativa quotidiana.

Avendo, questa composizione del Filosofo Incognito, forma di "inno" ed essendo la sua narrazione ricca di immagini, di stati d'animo e di movenze il mio consiglio è quello di associare alla lettura e alla pratica l'immaginazione. Quest'ultima si differenzia dalla fantasia – che è meccanismo, indipendente dalla nostra volontà, al servizio di quelle istanze che operano al fine di renderci schiavi, succubi e sonnambuli lungo le vie di questa inconsapevole esistenza – poiché si estrinseca nella sua natura di strumento sottoposto al nostro dominio, capace di tradurre in una congrua narrazione immaginifica il nostro pensiero.

Al termine di questa breve presentazione, mi si permetta di suggerire come le "Dieci Preghiere" potrebbero essere – oltre a quanto qui proposto – un utile accompagnamento per tutte quelle pratiche lunisolari che costituiscono l'ossatura della pratica rituale martinista-martinezista. Strumenti, esse, sicuramente molto più congrui all'orientamento del percorso martinista rispetto alle tante spurie inclusioni che nei decenni (vuoi per confusione, vuoi per spirito di particolarismo) si sono accumulate. Un viatico, se correttamente inteso e posto in Opera, che raccoglie in sè strumenti teurgici e cardiaci sapientemente amalgamati e protesi – nel loro intimo connubio – all'esercizio del Culto Divino, in quanto l'autentico martinismo non ha per oggetto l'accrescimento morale ed intellettuale del fratello e neppure instillare in deboli di mente l'illusione di essere maghi o fattucchiere, quanto quello di essere uomini e donne che hanno consapevolezza del loro primitivo lignaggio. Il "TRATTATO DELLA REINTEGRAZIONE DEGLI ESSERI. Nelle loro primitive proprietà virtu' e potenza spirituali e divine" si apre con una frase che dovrebbe essere scolpita nella mente di ogni adepto e che impone alcune doverose riflessioni.

*"Avant le temps, Dieu èmana de etres spirituels, pour sa propre gloire, dans sono immensité divine. (prima di ogni tempo – il tempo è la misura della separazione fra l'Essere e l'Ente – Dio emana a sua gloria – che compartecipano alla sua manifestazione – degli esseri spirituali nell'immensità divina. Questi esseri (continua il testo) dovevano compiere un culto che avevano ricevuto dalla Divinità per mezzo di leggi, precetti e comandamenti eterni. "*

A tutti voi auguro un proficuo lavoro interiore in vista della necessaria riconciliazione all'ombra del Culto Divino[1].

---

[1] Per maggiori informazioni si prega di consultare le pagine di www.martinismo.net

# INTRODUZIONE

*"Perché la preghiera suprema che noi dobbiamo adempiere, e il lavoro principale a cui noi dobbiamo impegnarci, sarebbe chiedere a Dio l'esclusiva passione per cercarlo, per trovarlo, per essere uniti a lui e non permetterci un movimento che non deriva da questa passione, poiché questo percorso ci conduce ad essere veramente immagine e somiglianza di Dio" (da Opere Postume)*

"Le Dieci Preghiere", qui presentate in una mia nuova traduzione integrale, rappresentano composizioni dal tono profondamente aulico, dove l'Uomo di Desiderio, consapevole della profonda separazione dal piano divino e della miserrima condizione in cui versa si rivolge con suppliche, attese, invocazioni, evocazioni ed appelli all'Essere Supremo. Egli chiede di venire riammesso in quei cerchi superiori che erano stati la sua dimora; Egli chiede di essere nuovamente reintegrato nelle sue primordiali qualità e virtù; Egli chiede nuovamente il contatto con la Fonte di vera vita e vera luce. La mia intima speranza è che esse, sia come singole composizioni e sia come complesso strutturato di inni, possano essere fonte di profonda riflessione per noi tutti. Una riflessione non tanto e non solo cristallizzata nella sfera intellettuale o votata ad un mero devozionalismo nei confronti della figura del "maestro", quanto piuttosto in grado di essere una spinta lungo il viatico della presa di coscienza interiore. Sovente l'importanza della preghiera all'interno di un percorso realizzativo dell'Essere, che nel martinismo assume la forma di reintegrazione dell'uomo nell'uomo e dell'uomo nel divino, viene sminuita quando non addirittura rimossa con frettolosa superficialità. Tale atteggiamento in molti è frutto di un riflesso condizionato, di un antagonismo nei confronti del fenomeno religioso, quando non si tratta, e spesso lo è, di un autentico sentimento di superiorità nei confronti di un atto ritenuto di mera superstizione e strumento di asservimento da parte del potere e della cultura religiosa. Andrebbe però considerato come la preghiera, così come qualsiasi strumento spirituale, non sia viva in quanto tale, ma bensì in guisa della prospettiva e della forza ad essa impressa. Colui che lo riterrà meccanismo d'opera, capace di porlo in contatto con stati dell'essere profondi e canale di influenze sottili, certamente si pone fuori da un contesto meramente devozionale. Egli tenderà a vedere la preghiera come uno strumento avente finalità invocative ed evocative. Del resto amo sovente ricordare come lo stesso rituale Teurgico è composto da numerosi e significativi atti configurabili, se osservati singolarmente, come preghiere. Sono la capacità, il genio e la volontà operativa del Teurgo che, fondendo i vari elementi ritualistici in un unicum, determinano un viatico fra l'uomo immerso nel quaternario e l'uomo strumento attuativo della divina volontà (che è in Lui). Amico mio, via teurgica e via cardiaca non sono altro che i due risvolti della medesima medaglia: la ricerca da parte dell'uomo di una manifestazione, di uno stato, del divino.

Una ricerca sicuramente non facile, specie in questo nostro attuale frangente storico dove subiamo l'invasione di continue istanze volte a perturbare il nostro equilibrio mentale ed animico, ma che è decisiva nell'ottica di quanto auspicato dal Filosofo Incognito e che possiamo riassumere nella necessaria "riconciliazione" propedeutica alla reintegrazione.

La riconciliazione dell'uomo con se stesso e con il divino si ottiene – e questo viene costantemente ricordato dalle Dieci Preghiere - attraverso una cruda presa di coscienza dei nostri limiti, delle nostre inadeguatezza e delle nostre mancanze. In poche e parche parole, dobbiamo essere consapevoli della nostra inadeguatezza psicologica e morale nei confronti del nostro anelito di trascendenza. Solamente attraverso questo bagno di umiltà potremmo rimuovere i vari impedimenti – le storture animiche, le fascinazioni rispetto alle cose di questo mondo – sussistenti fra noi e il ruolo che originariamente ci era stato conferito: essere coadiuvatori dell'Opera dell'Essere. Di ciò, seppur in chiave di preghiere e lodi, si narra all'interno di questo postumo lavoro del mistico francese.

Infatti il mito fondativo – l'affresco simbolico ed immaginifico - di riferimento del Filosofo Incognito consiste in una caduta da uno stato edenico dell'uomo, a causa di un atto di ribellione e di superbia nei confronti del suo Creatore; a differenza di altre creature in precedenza condannate a medesima sorte, è però riservata all'uomo, tramite il pentimento per quanto commesso e il riconoscimento della volontà divina, la possibilità di riconquistare il ruolo di creatura prediletta.

Il Dio che Louis Claude de Saint-Martin ci offre è ineffabile, estraneo a questa "terra di prova" (così come indicato proprio in queste preghiere dal Filosofo); terra in cui l'uomo inconsapevole, cieco innanzi all'errore, è ghermito, schernito e abusato dai "Prevaricatori" che sono le creature spirituali cadute prima dell'uomo stesso, e a cui è stata negata la possibilità di essere riammesse alla condizione originaria, per esse quindi inesorabilmente perduta.

Ecco quindi che l'uomo stesso non è altro che un campo di battaglia fra l'azione di questi spiriti di separazione, la forza delle potenze naturali e la medesima volontà spirituale umana di riconciliarsi con il proprio Creatore. Purtroppo l'uomo è doppiamente impedito in questo percorso, sia perché ignorante su se stesso e le dinamiche che lo determinano e sia perché si trova alla mercé di forze a lui superiori. Forze che lo hanno infettato, e reso a sua volta elemento di contaminazione. E' solamente a seguito della presa di coscienza attorno alla propria condizione, che l'uomo può procedere alla rinascita interiore e ciò sospinge l'uomo di desiderio a chiedere, strappando il Dio Inneffabile dalla contemplazione di se stesso, l'invio di uno spirito, di un agente sostanziale, di verità e di luce.

*"Sorgente eterna di tutto ciò che è, Tu che invii ai prevaricatori degli spiriti di errore e di tenebre che li separano dal Tuo amore, invia a colui che Ti cerca uno spirito di verità, che lo riconcili a Te per sempre"*

È significativo, come sopra proposto, che la prima preghiera si apra proprio con tale "supplica", la quale altro non è che la CHOSE, la manifestazione divina tanto ricercata nella pratica degli Eletti Cohen di cui lo stesso Louis Claude de Saint-Martin era stato esponente di indubbio rango e spessore. D'altronde, come sarà immancabilmente sottolineato, le stesse "Dieci Preghiere" trasudano dei pregnanti significati del "Trattato sulla reintegrazione degli esseri" di Martines de Paqually, infusi un momento di calcinante purificazione.

Procedendo lungo la sofferta via della presa di coscienza interiore, comprendendo l'errore ancestrale commesso, l'uomo, con il sostegno del Padre, da succube diviene campione del divino, opponendosi all'azione degli agenti di prevaricazione. Tale titanica lotta trova espressione nell'arrendersi alla volontà divina, la quale colma l'uomo nel momento in cui, e solamente in tale istante, l'uomo rinuncia alla propria volontà contingente ed impermanente.

Come mi permettevo di far notare ad una cara persona, dobbiamo comprendere, quando siamo innanzi ad un testo a carattere spirituale, che il messaggio in esso raccolto è custodito all'interno di una forma comunicativa che risente, ovviamente e non potrebbe essere altrimenti, del linguaggio tipico del tempo, della formazione culturale dell'estensore e di coloro che ne dovrebbero beneficiare. Il Filosofo Incognito vive ed opera in una Francia stravolta dalla rivoluzione e dal regno del terrore che segue a tale epocale evento. Una Francia fortemente intrisa della narrazione e dei simboli cattolici, i quali erano, e sono, patrimonio comune, substrato immaginifico e culturale degli "amici" da cui è circondato e di cui è imbevuto egli stesso.

È quindi inevitabile che il "semplice messaggio" di cui è portatore il Filosofo Incognito, non possa che essere raccolto in tali elementi e simboli formali. Non sarebbe stato possibile, non sarebbe stato concepibile altrimenti. Un messaggio spirituale è elemento sottile per eccellenza, impalpabile e in se stesso incomunicabile; necessita di elemento grossolano comunicativo per essere seminato, prima nella mente e poi nel cuore, di colui che è meritevole di riceverlo. Come tutti i semi, esso necessita poi dell'opera del buono e solerte contadino, capace di cogliere le necessità della terra e l'azione degli elementi, affinché il seme possa fruttare ed essere nutrimento supersostanziale.

Tornando alle "Dieci Preghiere" di Louis Claude de Saint-Maritn, vorrei evidenziare alcuni elementi che sono fondamentali per comprenderne, e spero implementare in un atto di opera, questo dialogo fra l'uomo di desiderio e l'Essere. E' il colloquio del figlio che – resosi conto della propria miseria e di come sia egli stesso cagione della propria sciagura – si rivolge al Padre; ne implora l'attenzione, si impone comunque alla sua presenza e inizia un percorso virtuoso di riappacificazione attraverso quella doverosa profilassi morale e spirituale, la costante testimonianza della benevolenza e delle opere del Padre e l'esercizio della preghiera nelle sue varie e molteplici espressioni. Due sono le parole – e con esse i concetti – che il Filosofo Incognito più volte richiama in questi suoi scritti e che sono indicativi di questo profondo e toccante anelito verso il divino. La prima è "essere" (42 volte) sia nella sua accezione di fonte spirituale e sia nel suo significato di stato d'animo e di condizione fisica. L'uomo di desiderio sa che deve rivolgersi all'Essere Immanifesto e posto oltre questa manifestazione caduca e al contempo sa che deve mondare il proprio essere da quelle impurità e grossolanità causate dalla caduta spirituale. La seconda parola è "uomo" (40 volte), in quanto è l'uomo l'artefice della propria disperazione e della propria miseria, ed è al contempo l'uomo il motore attivo di questo riavvicinamento. L'uomo di desiderio non attende la benevolenza divina per porsi in marcia, bensì si rende degno di essa attraverso le opere. Quasi un richiamarsi al saggio moto popolare "aiutati che dio ti aiuta". Altro termine che sovente riscontriamo è "amore" (27 volte), inteso come il sentimento che l'Essere ha nei confronti dell'uomo di desiderio. Un amore costante, invisibile, ed educativo che tende a manifestarsi anche e soprattutto attraverso le dure prove, le quali sono da leggersi come quella palestra formativa che l'uomo di desiderio deve praticare al fine di comprendere la "verità" su se stesso e le cose tutte. Questo Essere è chiamato anche Signore (23 volte) ad indicare la sua dominanza – seppur discreta ed invisibile, seppur rispettosa delle scelte e del libero arbitrio – sull'uomo.

Ricorrente alche la parola Dio (36 volte) tesa a testimoniare una particolare qualità dell'Essere innanzi alle esigenze morali e spirituali dell'uomo di desiderio. Dio è la tangibile manifestazione dell'Essere; è quanto l'uomo – in difetto – può cogliere della plenitudine divina. Fra queste qualità manifeste e intelligibili abbiamo quella di Santo (29) in contrapposizione, e come modello da perseguire, alla condizione di meschinità dell'uomo.

In virtù di quanto sopra esposto vorrei offrire due raccomandazioni – suggerimenti – d'opera. Il primo è cercare di comprendere lo stato d'animo che il Filosofo Incognito intende palesare nei suoi versi e immedesimarsi consapevolmente in esso. Il secondo è di coltivare l'immaginazione, cercando di arricchire le parole attraverso un flusso di immagini ininterrotto e capace di dare spessore e profondità alla pratica ragionata di queste "preghiere".

# RIFLESSIONI D'OPERA IN UNA PREGHIERA CONSAPEVOLE.

Sovente ascolto e leggo di persone desiderose di impegnarsi in chissà quali complicate e complesse ritualità; non di rado "incontro" pittoresche figure che asseriscono di detenere chissà quali formidabili rituali e folgoranti verità. Invero l'ombroso sottobosco della ricerca spirituale pullula di ingenui bimbi e astuti pifferai magici, ma anche ciò – nel suo tragicomico risvolto – è parte del percorso: è il guardiano della soglia. Dobbiamo affermare che non è lo strumento a fare l'argonauta dello Spirito, ma sono la volontà e la disciplina che differenziano il vero cercatore dallo sfaccendato da salotto. Ebbene qui risiede il grande malinteso e l'immenso inganno in cui molti hanno a precipitare perdendosi: non esiste una struttura operativa, non esiste il sommo rituale, ma esiste l'uomo d'opera e i suoi strumenti.

*1. Riflessione: "Quante volte la noia, la pigrizia e il fatalismo ti hanno impedito di praticare, di meditare, di pregare e di riflettere su te stesso?"*

Malgrado il lavoro interiore sia assolutamente imprescindibile per rivoluzionare il nostro Essere, è però necessario affermare che esso non può venire in alcun modo imposto, ma solamente suggerito e lasciato intuire. Qualora sia imposto il singolo non lo sposerà per libera scelta, ma per mancanza di alternativa, per accettazione del gruppo, per sudditanza nei confronti del maestro, o per una qualsiasi altra ragione profondamente sbagliata. Qualora la sua non sia un'adesione spontanea, ma un obbligo, esso diverrà non una via di autoconsapevolezza, ma sarà ancora una volta elemento relativo, caduco e opportunistico, ovvero un nuovo velo della Grande Illusione nella quale lentamente e inesorabilmente perdersi ed addormentarsi.

*2. Riflessione: "Sei sicuro di aver compresso la meccanica, la composizione e la finalità degli strumenti rituali e di analisi interiori a cui ti sei avvicinato?"*

È triste osservare quanti vivono male questa scelta imposta o auto imposta, quanti ripensamenti, mutamenti drastici e tensioni porti nella loro vita creando dramma su dramma. Dobbiamo capire che qualsiasi cosa vissuta come un obbligo è un male e neppure il più nobile obiettivo, se non realmente sentito, può essere adottato senza trasformarsi, alla lunga, in una possente catena. Del resto è opportuno considerare come non tutti hanno in sé una vocazione al lavoro interiore, molti tenderanno a giustificare il proprio stato dell'essere, altri ancora neppure volgeranno lo sguardo oltre la punta del proprio naso; ciò perché molti di noi sono nati o senza una forza interiore capace di essere impiegata in tale opera, oppure senza nessuna sensibilità verso la comprensione dell'essere.

*3. Riflessione: "Il sentiero che hai intrapreso, la scuola a cui ti sei rivolto e gli strumenti che hai raccolto sono state scelte dettate da una vera volontà di conoscenza o motivate da altre ragioni quali il bisogno di socialità, la solitudine e l'orgoglio?"*

In assenza di questa ferma motivazione interiore, volta alla presa di coscienza, molti continueranno a oscillare fra istanze psicologiche, contrapponendo una visione della vita ad altra visione della vita, oppure semplicemente sosterranno quella che è più comoda in un dato momento. La strada a minima resistenza è sempre in agguato. L'uomo è portato a credere alle filastrocche, alla cantilena interiore, che hanno come effetto quello di ipnotizzarlo. La cantilena interiore è come una madre sempre feconda, ed alimentata dalle perniciose ed invasive influenze culturali, sociali e familiari in cui siamo immersi e che intorpidiscono – tramite quel fluido connettivo che sono le emozioni – la nostra anima spirituale.

*4. Riflessione: "Nel silenzio prima di addormentarti, nei moneti di autosservazione, ascolta la cacofonia di voci; rifletti sul torrente limaccioso di suggestioni, illusioni, fantasticherie che ti allontanano dalla cruda realtà su te stesso e le cose tutte?"*

In questa nostra frastagliata epoca e per questo uomo così frammentato, la preghiera "consapevole" risulta essere un eccellente strumento di isolamento e analisi interiore. Essa è strumento di isolamento, in quanto pone l'uomo all'interno di una formidabile cinta muraria in grado di proteggerlo psichicamente dall'azione invasiva delle eggregore di questo mondo. E' al contempo uno strumento di profonda analisi interiore, in quanto ci offre la possibilità di modularla – nelle sue varie qualità: devozionale, invocativa, evocativa, imperativa ed immaginifica – in guisa delle nostre esigenze, del nostro intendimento e della nostra presa di coscienza.

*5. Riflessione: "Quanto di ciò che asserisci, quanto di ciò in cui credi è frutto di reale studio e di reale esperienza e quanto è una posticcia sicumera?"*

Dobbiamo adesso chiederci quale prospettiva dare alla preghiera, se vogliamo che questa non rimanga una semplice, per quanto legittima, espressione di un rapporto devozionale fra noi e qualcosa di esterno a noi. La risposta è quella di rendere noi stessi consapevoli delle enormi potenzialità operative che ha questo sublime strumento. Solamente cambiando il nostro tratto di unione percettivo-cognitivo, possiamo modificare lo spazio circostante e gli strumenti che ci permettono di relazionarci con esso. Questa rivoluzione interiore ruota attorno alla grande verità che è Sacro ciò che rendiamo Sacro, e che solamente noi siamo i sacerdoti di noi stessi e del divino che in noi dimora. E' una questione di consapevolezza interiore, che si ripercuote come un'onda irresistibile su ogni nostro pensiero ed azione.

*6. Riflessione: "Allontana te stesso, l'idea che tu hai di te stesso dalla centralità delle tue speculazioni e delle tue riflessioni. Immagina una stanza, dove al centro ci sei tu e tutto si relaziona in guisa della tua misura. Adesso poniti in una posizione defilata della stanza, ed osserva di nuovo tutti gli elementi in essa presenti."*

Dobbiamo interrompere il processo attributivo rivolto verso l'esterno, che vede da parte nostra consegnare ad una divinità antropomorfa qualità e possibilità che sono insite nella nostra natura spirituale. Dobbiamo recedere dal pensiero ostativo che ci sussurra che non siamo in grado di edificare in noi stessi un luogo sacro, ed essere in tale modo sacerdoti in eterno. Dobbiamo vincere l'inerzia che ci impedisce di sperimentare, di svegliare ed affinare le qualità sacrali insite in ognuno di noi; dobbiamo convincerci che vogliamo essere "altro", per Essere realmente.

*7. Riflessione: "Sei realmente sicuro che la tua "vocazione" il tuo "anelito" verso il sacro non rappresenti in realtà una volontà di preservare il tuo sofferente e frustrato ego."*

Compiuta tale rivoluzione interiore ci renderemo conto che la preghiera è anche, ed è soprattutto, uno strumento che agendo congiuntamente su mente e corpo, conduce alla realizzazione di nuovi stati dell'Essere, i quali risulteranno liberi da quelle costrizioni, da quelle ristrettezze e vincoli propri del mondo quaternario reattivo. Attraverso la preghiera consapevole la nostra mente crolla nella ripetizione, dalle profondità interiori emerge un novello pensiero che avrà caratteristiche di immediatezza ed attività. Esso non subirà nessun condizionamento dal mondo circostante e non suggerirà nessun compromesso fra ciò che è buono e ciò che è utile. Esso è il Logos Divino che riecheggia in tutta la figliolanza spirituale.

*8. Riflessione: "Immagina un campo pronto alla semina. Immagina questo campo infestato da erbacce, da gramigna e da ogni pianta infestante. Denomina ognuna di esse con un tuo pensiero parassitario, con una tua istanza ossessiva e quando avrai terminato inizia a espiantare queste pinte dal tuo campo. Al termine della tua fatica vedrai solamente il campo pulito e preparato per la semina."*

L'importanza della preghiera è nota in numerosi rituali di iniziazione: "E tu quando sarai fra Scilla e Cariddi cosa farai? Pregherai ed un angelo inviato dal Signore scenderà su di te". Purtroppo colui che accede a tale evento apicale della propria vita, spesso non pone la dovuta attenzione ai moniti che gli sono rivolti, e neppure sedimenta interiormente, perduto in altre congetture, quanto ha vissuto. Oltremodo la preghiera è resa viva dagli insegnamenti di tutti i veri maestri, che suggeriscono di ardere sovente in essa, per determinare la sottrazione di noi stessi al mondo impuro e prevaricatore che ci circonda.

*9. Riflessione: "Immaginati nave fra i flutti, immersa in un temibile fortunale e stretta da scogli minacciosi. Prega e chiedi che il cielo si squarci e la luce ti indichi la giusta rotta per trarti in salvo. Coltiva l'umiltà interiore, chiediti se non sei tu stesso la causa di tanti tuoi mali e confida in un dovere più alto a cui potrai dedicare la tua vita."*

Solamente comprendendo che la preghiera è un vero e proprio atto magico, possiamo godere di tutti i benefici che questo strumento è in grado di offrirci. Per ottenere tale risultato dobbiamo affrancarci da quanto instillato in noi dalla nostra pigrizia e dalla cultura in cui siamo immersi. Una formazione che vuole la preghiera un freddo omaggio ad una realtà intangibile e posta fuori di noi, e al contempo ridurre l'orante a soggetto passivo, statico e piatto, completamente privo di genio e volontà rispetto all'azione della preghiera. L'iniziato deve superare il dualismo separativo fra chi prega e chi è il beneficiario della preghiera, e diventare cosa unica con essa.

*10. Riflessione: "Quante opinioni, che coltivi in te, sulla preghiera sono frutto del sentito dire e quante invece trovano radice nella tua reale e continuativa esperienza?"*

Attraverso la preghiera ognuno degli elementi del quaternario trova composizione armonica l'uno con l'altro, sviluppando una sinergia in grado di annullare ogni peso e misura legati al nostro piano spazio temporale. L'orante (elemento terra) dà forma al proprio desiderio (elemento acqua) in pensiero (elemento fuoco), per mezzo della preghiera (elemento aria).

*11. Riflessione: "Impara a riconoscere in ogni oggetto, in ogni forma, in ogni espressione del tuo intendimento e del tuo agire la ricomposizione e la scomposizione elementale. Impara quindi a rendere armonica questa composizione ed evitare così ogni squilibrio."*

Nel caso in cui le purificazioni siano state adempiute, e il pensiero creativo sia sorretto da un desiderio puro e da una volontà sacra, il fuoco pneumatico non tarderà ad investire l'operatore, coronando di successo l'Opera prefissata. Ovviamente ognuno degli elementi di questa alchemica composizione deve essere stato in precedenza rettificato, sottoposto ad interrogativo e a giudizio, in quanto il crollo della Torre è sempre in agguato, e l'ombra è tanto maggiore quanto più forte è la luce. Nella nostra triste condizione l'ombra è rappresentata dalle pieghe della nostra poliedrica composizione psicologica, dove il favore personale, il desiderio di apparire e l'essere in virtù di ciò che compiamo, sono i tre baratri capaci di far sprofondare nelle tenebre ogni nostra azione. Tale verità ci è narrata dalla tradizione, quando racconta di mistici e santi che combattano furiosamente contro Satana e i demoni. All'interno delle loro celle di preghiera e meditazione, nelle stesse chiese, nei campi e nei giardini, uomini e donne devoti affrontano l'avversario in una battaglia i cui confini si perdono fra il fisico e la psiche.

*12. Riflessione: "Studia il risultato del tuo agire e del tuo pensare, è quanto ti eri proposto? Osserva il tuo agire e il tuo pensare sono essi essenziali oppure vi è promiscuità in essi?"*

Cos'altro è questo abile e potente duellante se non la nostra ombra, nelle sue infinite sfumature e propaggini? È pur vero che dobbiamo temere l'avversario, nelle sue infinite forme, ma è però doveroso ricordarsi che il successo non ci è mai precluso a priori in nessuna prova, in quanto ognuna di esse nasce da noi stessi; ecco quindi che il combattimento spirituale è il necessario valico da superare, in quanto solo attraverso di esso saremo in grado di comprendere quanto ancora vi è da rettificare e purificare in noi al fine di essere sacerdoti del vero e della conoscenza.

*13.Riflessione: "Ossèrvati allo specchio, in ogni tuo anfratto e particolare, e chiediti se ti riconosci in quella immagine."*

Il praticante deve essere in grado di alimentare le proprie impressioni, il proprio centro intellettivo, con pensieri, suoni ed immagini sacri ed elevati, in grado di sostituire, di svelenire, la massa putrida di quanto comunemente invade la nostra mente, grazie ai messaggi pubblicitari, la televisione, l'irruzione del mediocre e del miserevole quotidiano. Per fare ciò deve imparare ad essere umile attraverso la preghiera devozionale, a chiedere attraverso la preghiera invocativa, a manifestare attraverso la preghiera evocativa, a comandare attraverso la preghiera imperativa; e tutto ciò sorretto e amalgamato dal potere dell'immaginazione creativa.

*14. Riflessione: "Immagina delle forme in legno di diversa sembianza e difforme colore, cimèntati nel modulare la loro composizione e scopri come ognuna di esse nel suo singolo e nel suo complesso ha una qualche utilità a te prima sconosciuta ed ignota."*

La preghiera che noi intendiamo è quindi e soprattutto un prodotto della nostra azione magica e di noi stessi, e noi siamo costituiti da ciò che elaboriamo a seguito dell'alimentazione. Quest'ultima, in un'ottica integrale dell'individuo, investe ogni elemento che dall'esterno di noi viene assimilato; così come poniamo attenzione a quanto nutre il nostro fisico, noi che ambiamo a comprendere i sottili meccanismi che tutto animano, dobbiamo porre egualmente attenzione a quanto sfama il nostro intelletto e le nostre emozioni. La preghiera consapevole stessa diviene alimento, in quanto essa nutrirà il nostro corpo lunare di elementi sacri ed immaginifici, in grado di poter avviare il processo di fioritura dei nostri centri sottili. L'armonica che essa sviluppa nella sua costante ripetizione, come al contempo il carico di immagini e la narrazione mitologica e spirituale in essa contenuto, sono effettivi elementi di potere in grado di modificare la struttura del nostro intero essere. La prima agisce inesorabilmente sul corpo fisico, grazie al potere vibratorio del suono, i secondi invece si radicano nella nostra mente contribuendo a fornire la base associativa per il logos divino. Ovviamente questo edificio sacro deve trovare fondamenta solide e non improvvisate. Queste sono rappresentate dalla giusta tecnica della nota interiore, così come da una intera vita governata dalla ricerca del perfezionamento interiore. L'improvvisazione, e la sporadicità nell'azione, la caduta di tono, sono elementi ostativi al pari della mancanza delle purificazioni necessarie.

*15.Riflessione: "Quante volte la sprovvedutezza, l'improvvisazione, la saccenteria e la sicumera hanno determinato il fallimento delle tue iniziative e dei tuoi progetti?"*

La preghiera consapevole è salubre alimento, in quanto essa sarà in grado di nutrire il nostro corpo lunare di elementi sacri ed immaginifici, in grado di poter avviare il processo di fioritura dei nostri centri sottili. L'armonica che essa sviluppa nella sua costante ripetizione, come al contempo il mosaico di immagini e la narrazione mitologica e spirituale in essa contenuta, sono effettivi elementi di potere in grado di modificare la struttura del nostro intero essere. La prima, la ripetizione della parola, agisce inesorabilmente sul corpo fisico, grazie al potere vibratorio del suono. I secondi, immagine e narrazione, si radicano nella nostra mente contribuendo a fornire la base immaginifica associativa per il logos divino. Possiamo vedere ciò come l'opera del paziente contadino, che prima prepara il terreno rimuovendo e spappolando le zolle, il suono della preghiera, e successivamente vi innesta il seme, le immagini che associamo alla preghiera, che grazie al giusto tempo e corretto nutrimento porterà novello frutto di vita.

*16.Riflessione: "Accompagna la tua pratica dallo scandire di un metronomo; cadenza su di esso la tua respirazione; cadenza sulla tua respirazione il tuo pensiero."*

Ovviamente questo edificio sacro deve trovare fondamenta solide e non improvvisate. Queste sono rappresentate dalla giusta tecnica della nota interiore, così come da una intera vita governata dalla ricerca del perfezionamento interiore. L'improvvisazione, la sporadicità dell'azione e la caduta di tono, sono elementi ostativi al conseguimento di ogni traguardo.

*17.Riflessione: "Immagina una piramide dove ogni gradone rappresenta un aspetto della tua vita e della tua psiche. I gradoni inferiori sono quelli inerenti le istanze maggiormente grossolane, i successivi sono sempre più connessi ad espetti sempre più sociali, psichici e animici del tuo essere. Il vertice è rappresentato dal tuo anelito spirituale. Chiediti se la piramide così composta è solida e stabile."*

Orbene questa preghiera di cui lungamente abbiamo trattato, di cui ammireremo le pregevoli parole del maestro, quali caratteristiche assume nel suo intendimento? È essa lamento e supplica in un rapporto fra devoto e oggetto di devozione? È essa l'invocare l'intervento divino, tramite la Sua persona o i Sui intermediari o la sua Grazia e Benevolenza? È essa l'evocare su questo nostro piano il divino medesimo? È essa atto di compimento sacerdotale, durante la celebrazione di un Culto? È essa parola terapeutica volta ad essere balsamo per l'anima e linimento per le doloranti membra? È essa il vagito dell'Uomo rendente lode e rinato dalle acque battesimali dello Spirto? È essa il flebile e nostalgico anelito alla regalità perduta, di cui versa nella miseria? È essa l'estremo scudo con cui pararsi dai colpi degli avversari? È essa la fiammeggiante spada di San Michele con cui adempiere la volontà divina? È essa amorevole insegnante, atta a colmare l'ignoranza in cui versa l'uomo? È essa l'agente misterioso che nel matraccio filosofico e spirituale Opera e Tutto Trasmuta? Ebbene amici e fratelli miei, vi dirò che la preghiera del Filosofo Incognito è tutto questo e ancor di più, in quanto nell'integrità del corpo vivente, vi è una forza assai maggiore che nella semplice sommatoria delle membra scisse. Essa è la pienezza del sacerdozio; essa è il tuono del Sacerdote che parla all'assemblea e la sua parola è il verbo divino. A questo mira la ricca prosa del Filosofo Incognito, a fornire all'uomo di desiderio il più potente fra gli strumenti: la parola divina.

# PREGHIERA 1

Sorgente eterna di tutto ciò che è[2], Tu che invii ai prevaricatori degli spiriti di errore e di tenebre che separarono loro dal Tuo amore, invia a colui che Ti cerca uno spirito di verità[3], che lo riconcili[4] a Te per sempre. Che il fuoco di questo spirito consumi in me anche le minime tracce del vecchio uomo[5] e, dopo averlo consumato, faccia nascere da questo ammasso di ceneri un nuovo uomo su cui la Tua mano sacra non disdegni più di versare l'unzione santa[6]. Che sia questo il termine dei lunghi travagli della mia penitenza e che la Tua vita, universalmente unica, trasformi[7] tutto il mio essere in unità della Tua immagine, il mio cuore in unità del Tuo amore, il mio agire in unità con le Tue opere di giustizia e il mio pensiero in una unità con le Tue luci. Tu non imponi all'uomo dei grandi sacrifici che per forzarlo a cercare in Te tutte le sue ricchezze e tutte le sue gioie, e Tu non lo forzi che a cercare in Te questi tesori, perché Tu sai che essi sono gli unici che possono renderlo felice; e che Tu sei il solo che li possiede, che li genera e che li crea. Sì Dio della mia vita non è che in Te che io

---

[2] Tutto ciò che esiste nel mondo della natura e dello spirito trova origine, fonte, dall'Essere. Egli è rappresentato come una sorgente che non soggiace al tempo, che è immutabile, e che continuamente alimenta ogni creatura, ogni potenza e ogni spirito.

[3] La verità sulla condizione dell'uomo, sul perché di questa condizione e su quale era il suo compito.

[4] La prima necessità dell'uomo è la riconcilliazione: "il ritorno in grazia di Dio"

[5] Come non associare questa visione legata al passaggio dal vecchio al nuovo uomo, a quanto asserisce in questo passaggio lo stesso Jakob Böhme: "Negli esseri di questo mondo troviamo ovunque due esseri in uno: il primo, eterno, divino e spirituale, e il secondo dotato di un inizio, naturale, temporale e corruttibile. "

[6] Chiaro è il riferimento al ruolo sacerdotale che l'uomo – rigenerato – deve esercitare.

[7]In modo che sia ricondotto in unità

posso trovare l'esistenza e il sentimento del mio essere[8]. Tu hai anche detto che era solamente nel cuore dell'uomo che Tu potevi trovare il Tuo riposo; non interrompere neppure per un attimo il Tuo agire su di me, perché io possa vivere e allo stesso tempo perché il Tuo nome possa essere conosciuto dalle nazioni. I Tuoi profeti ci hanno insegnato che i morti non potevano lodarTi; non permettere quindi mai alla morte di avvicinarmi[9]: perché io ardo nel rendere[10] la Tua lode immortale, io ardo dal desiderio che il sole eterno della verità non possa incolpare il cuore dell'uomo di aver apportato la minima nube e causata la minima separazione nella plenitudine del Tuo splendore. Dio della mia vita, Tu che è nel solo nominarTi che tutto si realizza, rendi al mio essere quanto gli avevi donato in origine[11] e io manifesterò il Tuo nome alle nazioni, ed essi ricorderanno che Tu solo sei il loro Dio e l'essenza della vita; così che essi siano il motore e il movimento di tutti gli esseri. Semina i Tuoi desideri nell'animo dell'uomo, in questo campo che è il Tuo dominio e che nulla può contrastarTi, poichè sei Tu che gli hai donato il suo essere e la sua esistenza. Seminaci i Tuoi desideri, affinché le forze del Tuo amore lo strappino interamente agli abissi che lo trattengono e che vorrebbero inghiottirlo per sempre. Abolisci per me la regione delle immagini[12]; dissipa queste barriere fantastiche, che pongono un'immensa separazione e una spessa oscurità tra la viva luce e me; e mi adombrano delle loro tenebre. Avvicina a me il segno

---

[8] Quanto è posto fuori dall'Essere è fonte di turbamento, di impermanenza e di illusione.

[9] Ovviamente non stiamo parlando della morte fisica, ma della morte spirituale dell'uomo che non conosce Dio e i doni e le beatitudini che solamente da Egli può ricevere.

[10] L'uomo di Desiderio trova sia nel conformarsi – rendendosi coppa, scavando e svuotando se stesso – e sia nella pubblica testimonianza la via che lo riconduce al divino.

[11] Prima della caduta dell'Uomo primordiale causata dalla sua corruzione ad opera dei Prevaricatori.

[12] La regione delle illusioni e delle fascinazioni che provengono dalle cose di questo mondo.

---

sacro e il sigillo divino[13] di cui Tu sei il depositario, e trasmetti nella profondità della mia anima il fuoco di cui ardi, in modo che ella frema con Te, e che ella senta ciò che è la Tua ineffabile vita e le delizie inesauribili della Tua eterna esistenza. Troppo debole per sostenere il peso del Tuo nome, io Ti rimetto la cura di elevarne l'intero edificio, e di porre le prime fondamenta al centro di questa anima che Tu mi hai donato per essere come il candeliere che porta la luce alle nazioni, affinché esse non rimangano nelle tenebre. Grazie Ti siano rese, Dio di pace e di amore! Grazie Ti siano rese dal fatto che Ti ricordi di me, e che Tu non vuoi lasciare la mia anima a languire nella carestia! I Tuoi nemici avrebbero detto che sei un padre che dimentica i suoi figli, e che non può liberarli.

## Breve Commentario

In questa prima preghiera, a carattere devozionale ed invocativo, il Filosofo Incognito sottolinea la necessità della costante presenza divina e di come solamente da essa sia possibile trarre i giusti doni, l'indispensabile alimento e il perfetto modello ispiratore. I primi – i giusti doni – raccolgono non solamente le virtù teologali[14] necessarie per adempiere al percorso di riconciliazione e reintegrazione (il quale trova espressione nella forma e nella sostanza del catechismo morale cristiano), ma anche e soprattutto di quel segno e quel sigillo[15] (menzionati in conclusione della preghiera) concessi al termine del percorso di spogliazione. Il secondo – il giusto alimento – è rappresentato proprio dai pensieri divini, che nella visione del Filosofo Incognito sono fruibili solamente quando il pensiero reattivo e passivo dell'uomo viene

---

[13]Sono i doni "teurgici", sono la manifestazione (LA CHOSE) che l'uomo di Desiderio riceve dal divino. I quali sono a loro volta sia rappresentativi della correttezza del suo agire e del suo operato – in vista della reintegrazione individuale ed universale – e sia potenti strumenti attraverso cui ristabilirsi nel ruolo e nella funzione di ministri del Culto Divino

[14]     Le virtù teologali (dal greco θεός, «Dio» e λόγος, «parola») nella dottrina cristiana sono: la fede, la speranza e la carità.

[15]Il sigillo (dal latino sigillum, diminutivo di signum, "segno")

posto a tacere e annullato dal potere della preghiera. Il terzo – il perfetto modello ispiratore – altro non è che il Cristo Paracleto[16] (il riparatore) capace non solo di sanare le ferite dell'animo, ma anche di riconciliare l'uomo con la fonte spirituale. Come perseguire questo cammino e godere di questa intima benevolenza divina? Il Filosofo Incognito ci sottolinea che non è sufficiente, per quanto importante, il solo percorso devozionale ed è quindi necessario che l'uomo arda di desiderio[17] e di volontà in modo da purificare se stesso. Ogni sostanza grassa (gli attaccamenti), liquida (le emozioni) ed effimera (le illusioni e le fascinazioni) deve essere ridotta in cenere; solamente giunti a tale risultato quanto rimarrà sarà l'essenziale su cui nuovamente è possibile la discesa della mano sacra dell'Essere. E' questa l'investitura sacerdotale, la santificazione necessaria affinché l'uomo possa tornare a compire il suo primitivo e reale magistero sacerdotale. Ebbene, in definitiva, questa preghiera narra proprio del doveroso percorso di spogliazione, di purificazione che l'uomo deve necessariamente compiere per rendersi nuovamente degno della divina presenza e ricoprire – come all'origine - il ruolo e la funzione di cooperatore del disegno divino. Interessante è il richiamo che è fatto alle immagini (le illusioni e le fascinazioni) di questo mondo e di come sia necessario liberarsi da esse, ciò – evidentemente – per poter godere della visione di quel perfetto modello, archetipo, a cui l'uomo di Desidero si deve ispirare e conformare.

La Pratica.

1. Riflessione simbolica: approfondire il simbolismo legato al concetto di "purezza"

2. Riflessione psicologica: ogni giorno cercare di togliere, anche di minima entità, qualcosa che eccede il nostro bisogno.

---

[16] Paraclito (παράκλητος, paràcletos in greco) è il termine con cui nel Vangelo secondo Giovanni si indica lo Spirito Santo.

[17] Il desiderio non verso le caduche cose umane e naturali, ma bensì verso il divino.

3. Riflessione operativa: meditare alla sera attorno alla nostra vera natura e attorno a quanto ci distoglie dal nostro anelito spirituale.

4. Riflessione immaginifica: visualizzare noi stessi avvolti in una fiamma che ci libera da quanto è superfluo, eccedente e grossolano.

# PREGHIERA 2

Io verrò[18] verso di Te, Dio del mio essere; Io verrò a Te, per quanto contaminato io possa essere; io mi presenterò innanzi a Te con fiducia. Io mi presenterò in nome della Tua eterna esistenza, in nome della mia vita, in nome della Tua santa alleanza con l'uomo. Questa triplice offerta sarà per Te un olocausto dal profumo gradevole sul quale il Tuo spirito farà discendere il suo fuoco divino per consumarlo e ritornare in seguito verso la Tua dimora santa, carico e completamente colmo dei desideri di un'anima indigente che non anela che Te[19]. Signore, Signore, quando sentirò pronunciare nel profondo della mia anima, questa parola consolante e viva con la quale Tu chiami l'uomo con il suo nome, per annunciargli che è iscritto nella santa milizia, e che Tu vuoi ammetterlo nel rango dei Tuoi servitori[20]? Per la potenza di questa Santa Parola, io mi ritroverò ben presto circondato dai memoriali eterni della Tua forza e del Tuo amore, con i quali io marcerò ardimentoso contro i Tuoi nemici, ed essi impallidiranno innanzi ai temibili tuoni che accompagneranno la Tua parola vittoriosa. Ahimè, Signore, è dell'uomo in miseria e in tenebra assumere tali voti e concepire così superbe speranze! Invece di poter colpire il nemico, non dovrebbe lui stesso pensare ad evitare i colpi? Invece di apparire, come un tempo, ricoperto di armi gloriose, non è egli ridotto come un oggetto d'obbrobrio, che versa lacrime di vergogna e di ignominia nelle profondità della sua solitudine, non osando neppure mostrarsi alla Luce? Invece di quei canti di trionfo che un tempo dovevano seguirlo e accompagnare le sue conquiste, non è egli condannato a farsi udire solamente attraverso sospiri e singhiozzi? Almeno, Signore, fammi una grazia, fa che ogni volta che sonderai il mio cuore e le mie viscere, Tu non li trovi giammai

---

[18] E' l'uomo di desiderio che si muove, comunque, verso il divino. L'uomo di desiderio non attende, ma agisce.

[19] L'unico sacrificio gradito all'Essere è rappresentato dall'uomo che dona se stesso.

[20] È questo, oltre ogni dubbio, quanto si propone il Filosofo Incognito: il servizio militante.

vuoti delle Tue lodi e del Tuo amore; io sento, e io non vorrei mai più cessare di sentire, che non vi è mai abbastanza tempo per lodarTi; e affinché, questa santa opera sia compiuta in un modo che sia degno di Te, è necessario che tutto il mio essere sia afferrato e mosso per mezzo della Tua eternità; permettimi dunque, o Dio di ogni vita e di ogni amore, permetti al mio animo di cercare di rafforzare la sua debolezza nella Tua potenza; permettigli di fondare con Te una Lega Santa che mi renda invincibile agli occhi dei miei nemici, e che mi leghi completamente a Te dai voti del mio cuore e del Tuo; che Tu mi trovi sempre ardente e sempre disponibile per il Tuo servizio e per la Tua gloria, come Tu lo sei per la mia liberazione e la mia felicità.

## Breve Commentario

La seconda preghiera è intensamente impregnata di un afflato devozionale. L'uomo di desiderio è consapevole di essere indegno, impuro e inadatto, ma malgrado ciò, contrito, ripone speranza di essere nuovamente ammesso alla presenza del Signore. Dobbiamo comprendere che questa riammissione altro non è che la riconciliazione all'ombra del culto divino; la reintegrazione è il tendere finale, ma essa non può essere conseguita in vita. Lungo il decorso della vita terrena, che inevitabilmente conduce alla morte, l'uomo di desiderio ha come massima aspirazione quella di riconciliarsi. Il significato della riconciliazione risiede nell'adempiere il sacerdozio e il magistero che lo rendono collaboratore dell'Essere, della fonte spirituale, nell'opera di rettificazione della creazione, dopo il turbamento ad essa apportato dai prevaricatori.

Tale alto sacerdozio ha però un costo. L'uomo deve rendersi conto dello stato di miseria, di privazione e di arbitrio in cui versa; l'uomo stesso, in quanto creatura caduta e caduca, è a sua volta preda dell'azione e del potere degli arconti e solamente nella parola e nell'amore del Signore potrà trovare rifugio e felicità. Quindi è necessario, inizialmente, abbandonare la suggestione di vedersi rivestito di potenza e di armi e l'illusione di trionfare su questi nemici. L'uomo è adesso privato della sua primitiva potenza, e solamente rinsaldando la Santa Alleanza che lo lega al

Signore potrà trovare linimento alle proprie debolezze e necessità. Quale sacrificio è richiesto all'uomo di desiderio, onde ottenere tale balsamo? E' il cuore donato spontaneamente il pegno della novella lega; è quindi il cuore, consapevole e pulsante, il centro del pensiero sottile, della volontà sacra nella filosofia dell'anima del Filosofo Incognito.

La Pratica.

1. Riflessione simbolica: approfondire il significato del "sacerdozio"

2. Riflessione psicologica: interrogarsi su quante illusioni, suggestioni animano il nostro presente e di come esse siano di impedimento nei confronti di una reale presa di coscienza interiore.

3. Riflessione operativa: attraverso la meditazione intravedere in noi quali sono i nostri reali nemici.

4. Riflessione immaginifica: porsi innanzi ad uno specchio, prendere coscienza di ciò che realmente siamo. Le nostre debolezze, le nostre piccolezze, le nostre meschinità; essere consapevoli di quanto siamo inadeguati innanzi a tanti nostri proponimenti.

# PREGHIERA 3

Sposo[21] dell'anima[22] mia! Tu, attraverso cui essa ha concepito il santo desiderio di saggezza; Tu stesso vieni ad aiutarmi a donare la nascita a questo figlio diletto, che io non potrò mai troppo amare. Giacché avrà visto la luce, immergilo nelle acque pure del battesimo del Tuo spirito vivificante, affinché egli sia trascritto sul libro della vita, e sia riconosciuto per sempre come essente nel numero dei fedeli membri della Chiesa dell'Altissimo. Nell'attesa che i suoi deboli piedi abbiano la forza di sostenerlo, prendilo nelle Tue braccia come la madre più tenera, e preservalo da tutto ciò che potrebbe danneggiarlo. Sposo della mia anima, Tu che mai ti si conoscerà se non si è umili, io rendo omaggio alla Tua potenza; e io non voglio affidare ad altre mani che alle Tue, questo figlio dell'amore che Tu mi hai donato. Sostienilo Tu stesso, quando egli inizierà a muovere i suoi primi passi. Quando egli sarà in età più avanzata e in grado di comprendere, istruiscilo sull'onore che deve a suo padre, perché ottenga una lunga vita terrena; ispira in lui il rispetto e l'amore per la potenza e le virtù di Colui che gli ha donato la vita. Sposo della mia anima, sopra ad ogni cosa ispirami su come nutrire continuamente questo figlio prediletto con questo latte spirituale, che Tu stesso formi nel mio seno; che io non cessi di contemplare in mio figlio l'immagine di suo padre, e in suo padre l'immagine di mio figlio, e tutti quelli che Tu puoi generare in me nel corso ininterrotto dell'eternità. Sposo della mia anima, Tu che non sei conoscibile se uno non si è santificato[23], servi nel tempo da maestro e da esempio per questo figlio del Tuo spirito, affinché in tutti i tempi e in tutti i luoghi le sue opere e il suo esempio annuncino e dimostrino la sua origine celeste. In seguito Tu poserai sulla sua testa la corona di gloria, e egli sarà per il

---

[21]Colui che ha fatto una solenne promessa – giuramento – di matrimonio.

[22] L'uomo di desiderio non attende la salvifica ed universale azione divina, ma si protende attivamente verso Dio.

[23] Dal latino sanctum 'sancire, render sacro' •sec. XII. Solamente colui che sarà divenuto sacro potrà conoscere l'Essere. Ancora un forte richiamo alla dimensione sacerdotale a cui l'uomo di desiderio deve tendere.

popolo un monumento eterno della maestà del Tuo nome. Sposo della mia anima, queste sono le prelibatezze che Tu prepari a coloro che Ti amano e che cercano di unirsi a Te. Perisca per sempre colui che vorrebbe indurmi a preferire a Te un altro consorte! Sposo della mia anima, prendi me stesso come Tuo proprio figlio; che io e lui non siamo che uno ai Tuoi occhi, e versa abbondantemente, su l'uno e l'altro, le grazie che entrambi possiamo ricevere solo dal Tuo amore. Io non posso vivere, se Tu non concedi alla voce di mio figlio e alla mia di unirsi assieme per cantare eternamente le Tue lodi, e così i nostri cantici siano come fiumi perenni generati incessantemente dal sentimento per le Tue meraviglie e dalla Tua ineffabile potenza.

Breve Commentario

E' questa una preghiera che si presta a numerose chiavi di lettura ed interpretazione. Siamo innanzi al canto rivolto verso lo Sposo promesso, il quale – nella visione del Filosofo Incognito – altro non è che l'Essere Supremo ed Immanifesto dal cui abbraccio l'uomo è stato bandito dalla prevaricazione. Ecco quindi come l'anima, rigenerata e pura, dell'uomo di desiderio aneli l'unione con il padre/sposo. Un'anima che ha compreso come tutti i doni, le lusinghe e le fascinazioni di questo mondo giammai potrebbero indurre quello stato di somma beatitudine e di profonda completezza che deriva da questo matrimonio celeste. Tutto, per quanto sublime, è solamente un momento intermedio dell'Opera spirituale che il fedele d'amore sta compiendo. Da questo matrimonio, da questa congiunzione, nasce un figlio benedetto e santo attraverso cui la testimonianza del Padre giungerà in tutti i tempi e in tutti i luoghi. Possiamo quindi interpretare questa preghiera come un autentico passo di alchimia spirituale, che si snoda lungo le tre canoniche fasi. Nella prima – Opera al Nero[24] – l'uomo si monda degli elementi grossolani e nobilita il suo

---

[24]Nigredo, annerimento o melanosi, associato all'elemento terra, e in linea generale al piombo, la putrefazione, la decomposizione, la separazione, vitriol, il caos primordiale, la notte, Saturno, il simbolo del corvo, l'inverno, la vecchiaia.

intendere e i suoi sentimenti. Nella seconda – Opera al Bianco[25] - l'anima accoglie lo Spirito e ne viene fecondata in un'estasi di beatitudine. Nella terza – Opera al Rosso[26] - abbiamo la nascita dell'Uomo Nuovo.

Al contempo possiamo intravedere, velata dall'allegoria delle nozze e della rinascita, il percorso che dallo stato di necessità conduce prima alla riconciliazione e successivamente alla reintegrazione. Ecco quindi come il matrimonio rappresenti il momento in cui l'uomo di desiderio diviene sacerdote del Culto Divino e trovi ristoro all'ombra del tabernacolo che egli stesso ha eretto. Successivamente, nella morte della carne e nella rinascita dello Spirito, abbiamo la reintegrazione rappresenta dal Figlio perfetto e santo nato dall'unione con l'Essere. Il figlio rappresenta l'uomo reintegrato nelle primitive qualità e potenze dissipate a seguito della caduta. Molte similitudini, in questo ricco simbolismo, possono essere riscontrate con alcuni passi, dove si narra della Camera Nuziale Celeste, del Vangelo di Filippo: Sappiamo che il Nymphôn era un sacramento gnostico, attraverso il quale l'anima dell'adepto veniva "sposata" nella camera nuziale celeste con un eone del Pleroma. In questo modo essa veniva guidata e condotta nel superamento delle insidie degli Arconti, e liberata quindi dal loro potere esercitato tramite i sensi del corpo. Possiamo sicuramente immaginare che tale pratica avvenisse all'interno di una complessa cerimonia simbolica e rituale, e fosse riservata a quei discepoli avanzati nei segreti della gnosi.

La Pratica.

1. Riflessione simbolica: le tre fasi dell'Opera Alchemica; il passaggio dal nero al bianco e dal bianco al rosso.

---

[25]Albedo, sbiancamento o leucosi, associato all'elemento acqua, l'argento, la distillazione, la calcinazione, la purificazione, l'alba, la Luna, il femminile, il simbolo del cigno, la primavera, l'adolescenza;

[26]Rubedo, arrossamento o iosis, associato all'elemento fuoco, il mercurio filosofale, il cinabro, la coagulazione, il tramonto, l'incontro tra Sole e Luna, l'androgino quale fusione tra maschile e femminile, il rebis, il matrimonio tra anima e spirito, le nozze alchemiche, la pietra filosofale, il simbolo della fenice, Ermes, Mercurio, il caduceo, Prometeo.

2. Riflessione operativa: compiere dei gesti, degli atti e dei pensieri rivolti solamente a stilemi di assoluta perfezione e purezza. Improntare le nostre azioni al disinteresse verso i benefici materiali e l'appagamento del nostro ego.

3. Riflessione psicologica: Individua gli atti, i pensieri e le motivazioni che rappresentano un tradimento rispetto al tuo anelito di perfezione.

4. Riflessione immaginifica: Essere ammessi nella camera nuziale, immacolati incontrare lo sposo della nostra anima. Avvicinarsi in profondo silenzio, nella pace interiore a questo momento di profonda beatitudine e rinascita.

# PREGHIERA 4

Signore, come oserò guardarmi un solo momento senza rabbrividire d'orrore della mia miseria[27]! Io vivo in mezzo alle mie iniquità che sono i frutti dei miei abusi di ogni genere, e che sono diventate come il mio vestimento. Io ho abusato di ogni mia legge, io ho abusato della mia anima, io ho abusato del mio spirito, io ho abusato e io abuso ogni giorno di tutte le grazie che il Tuo amore non cessa in ogni istante di diffondere sulla Tua ingrata e infedele creatura. È a Te che io dovevo tutto offrire e tutto sacrificare[28], e non dovevo niente accordare al tempo che è davanti ai Tuoi occhi, come gli idoli[29], senza vita e senza intelligenza, e tuttavia io continuo ad offrire tutto al tempo, e niente per Te; e così facendo mi precipito rovinosamente nel terribile abisso di confusione occupato solo dall'idolatria, e dove il Tuo nome non è conosciuto. Io mi sono comportato come gli stolti e gli ignoranti del secolo che impiegano tutti i loro sforzi per distruggere le temute sentenze della giustizia, e fare in modo che questo mondo di cimento che abitiamo, non sia più ai loro occhi un luogo di ansia, di travaglio e di dolore. Dio di pace, Dio di verità, se la confessione dei miei peccati non è abbastanza affinché Tu me li rimetta, ricordati di Colui ha ben voluto farsene carico e lavarli nel sangue del Suo corpo, del Suo spirito e del Suo amore; Egli li dissipa e li cancella, ogni volta che si degna di farmi avvicinare dalla Sua parola. Come il fuoco consuma tutte le sostanze materiali ed impure, e come questo fuoco, che è la Sua immagine, Egli ritorna con la sua purezza immutabile, senza conservare alcuna impressione delle

---

[27] Colui che si interroga sulla propria origine, prova turbamento nel constatare, oramai risveglio, la profonda decadenza in cui versa. Non vi è conoscenza, senza turbamento, e non vi è turbamento senza comprensione.

[28] Il sacerdote è colui che pratica il "sacro fare": il sacrificio continuo, rituale al Dio!

[29] Il tempo rappresenta questa vita e con essa le cose di questo mondo, le interazioni individuali e sociali e le dinamiche interiori. Gli Idoli sono rappresentati da tutto ciò a cui noi diamo potere e importanza, che ci distrae dalla ricerca del Sacro.

---

sporcizie della terra. E' in Lui e solo attraverso di Lui che può farsi l'opera della mia purificazione e della mia rinascita; è solo per mezzo di Lui che Tu puoi operare la nostra guarigione e la nostra salvezza, poiché utilizzando gli occhi del suo amore che tutto purifica, Tu non vedi più nell'uomo niente di deformato, Tu non puoi che vedere che questa scintilla divina che assomiglia a Te e che il Tuo ardore santo attira continuamente a Sé, come una proprietà della Tua sorgente divina. No, Signore, Tu non puoi contemplare niente altro che quanto è vero e puro come Te; il male è inaccessibile alla Tua vista suprema. Ecco perché l'uomo malvagio è come creatura di cui Tu non ricordi più[30], e gli occhi Tuoi non saprebbero dove posarsi, dal momento che non ha più nessuna relazione con Te; ed ecco tuttavia qui questo abisso di orrore che non ho paura di rendere il mio soggiorno. Non c'è alternativa per l'uomo: se egli non è eternamente immerso nel profondo della Tua misericordia, è l'abisso del peccato e della miseria che lo inonda; ma anche qualora non avesse del tutto allontanato il suo cuore e i suoi occhi da questo abisso dell'iniquità, egli ritroverebbe questo oceano di misericordia nel quale Tu fai nuotare tutte le Tue creature. È per questo che io mi prosterno davanti a Te nella mia vergogna e nel sentimento del mio obbrobrio; il fuoco del mio dolore inaridirà in me l'abisso della mia iniquità, e poi non esisterà più per me che il regno eterno della Tua misericordia.

Breve Commentario

L'uomo che prende consapevolezza di se stesso è inorridito dalla grettezza e dalla bassezza della propria composita natura. Il confronto fra quanto anela essere, forse solamente con la mente, e quanto invece è realmente si manifesta come una frattura insanabile. L'uomo è la causa unica della propria miseria e della propria infima condizione. Questo stato è frutto dell'abuso – fisico, psichico e animico – che l'uomo compie con quanto gli è stato donato da Dio; è l'uomo artefice unico della propria misera condizione. Il Filosofo Incognito individua nell'idolatria la forma del mal agire dell'uomo; essa si estrinseca nel lasciarsi affascinare

---

[30] Il vivente è colui che è presente in Dio.

dalle cose di questo mondo, nello scendere a compromessi fra quanto è sacro e quanto è profano, nel trovare soddisfazione da ciò che è destinato a perire, dal lasciarsi trascinare dalle emozioni e dalla bassa istintualità, mentre ogni energia ed ogni pensiero dovrebbe essere dedicato a Dio. Orbene è possibile intravedere anche un'altra lettura a questo passo della quarta preghiera: una prospettiva non più intimistica a chiave squisitamente morale, ma volta al percorso che il Filosofo Incognito tratteggia per il riavvicinamento al Divino e alla condizione primitiva perduta dall'uomo. E' questo un percorso che non pone al centro l'uomo, l'iniziato, e la sua acquisizione di poteri mirabolanti e di dominio sulle cose di questo mondo e neppure qualche vago concetto di perfezionamento morale, avente come modello l'uomo stesso. Piuttosto al centro della speculazione filosofica, dell'azione intellettiva e sacrale dell'uomo di desiderio abbiamo il servizio – il Culto Divino – che assorbe ogni attimo e ogni stilla dell'uomo rinato sacerdote dell'Altissimo.

Al contempo in questo inno dal carattere fortemente devozionale – oserei definirlo di supplica di accettazione – si staglia la figura del Cristo inteso come riparatore: colui che risana l'uomo dai peccati per mezzo della parola. Riuscire ad ascoltare le parole del Cristo, essere ammessi al suo tempio ed ascoltarlo dal pulpito del prepuzio del nostro cuore. E' questo l'atto definitivo, inappellabile che sana il nostro animo e ricompone ogni frattura. E' un Cristo Intimo, che soccorre ogni uomo di desiderio, quello che viene affrescato dal pensiero del Filosofo Incognito.


La Pratica.

1. Riflessione simbolica: approfondire il concetto di Cristo Riparatore e Cristo Intimo.

2. Riflessione operativa: scegliere un passo della preghiera e porre in essere una profonda introspezione volta a comprendere lo stato di abbandono e desolazione della nostra mente.

3. Riflessione psicologica: Individua i pensieri passivi e reattivi che soffocano, nella tua mente e nella tua anima, la voce del Cristo Interiore.

4. Riflessione immaginifica: Essere introdotti al centro dell'Ecclesia intima, dove il Cristo Riparatore, il Paracleto, dispensa il verbo salvifico. Provare uno stato di pace interiore e di nuova ed indissolubile unione con la nostra natura divina.

# PREGHIERA 5

Privami della mia volontà, Signore, privami della mia volontà; perché se io posso annullare per un solo istante la mia volontà[31] davanti a Te, i torrenti della Tua vita e la Tua luce entreranno impetuosi in me, in quanto non vi sarà più alcun ostacolo che li fermi. Vieni ad aiutarmi Tu stesso a rompere queste barriere funeste[32] che mi separano da Te; armati contro me stesso, affinché niente in me possa resistere alla Tua potenza, e che Tu trionfi in me su tutti i Tuoi e i miei nemici, superando la mia volontà. O principio eterno di ogni gioia e di ogni verità, quando io sarò rigenerato fino al punto di non percepire me stesso che nel permanente affidamento alla Tua unica e vivificante volontà? Quando sarà che le privazioni[33] di ogni genere mi appariranno un profitto e un vantaggio, preservandomi da ogni schiavitù, in modo da lasciarmi avvicinare alla Tua saggezza e alla Tua libertà? Quando i mali mi sembreranno un favore da parte Tua, come delle opportunità di vittoria, e di ricevere dalla Tua mano le corona di gloria che Tu distribuisci a tutti coloro che combattono nel Tuo nome? Quando tutti i benefici e tutte le gioie di questa vita, mi sembreranno delle trappole verso cui il nemico non cessa di indirizzarci per stabilire nei nostri cuori un Dio di menzogna e di seduzione, al posto del Dio della pace e della verità che dovrebbe sempre regnarvi? Infine, quando sarà che il santo zelo del Tuo amore e l'ardore della mia unione con Te mi domineranno fino a donare con gioia la mia vita, il mio benessere e tutte le affezioni estranee a questo fine esclusivo dell'esistenza dell'uomo che è la

---

[31] Dobbiamo intendere la volontà dell'uomo che si lega alle cose futili, che si lascia affascinare dalle contingenze e dalle esigenze fallaci ed illusorie di questo mondo. Rimossa questa "volontà" posticcia e fasulla, emerge la volontà divina che in noi alberga dall'origine dei Tempi: quando eravamo ministri ed esecutori dei disegni divini.

[32] Dal latino funestus, der. di funus -ĕris 'funerale'. Queste barriere condurrano l'anima dell'uomo alla morte.

[33] Sono esse le privazioni volontarie che l'uomo di desiderio impone a se stesso. Egli recide ogni legame con le fascinazioni di questo mondo. Il vero sacrificio di noi stessi è il sacrificio volontario e perpetuo.

Tua creatura, e che Ti è caro fino al punto di volerlo aiutare con il Tuo esempio, donando interamente Te stesso a Lui. No, Signore, colui che non è trascinato via da questa santa devozione non è degno di Te, e non ha ancora compiuto il primo passo lungo la via. Che io non mi discosti per un solo istante dalla conoscenza della Tua volontà e dall'essere servo fedele, questo è il vero ed unico luogo di riposo per l'anima umana; egli non può avvicinarsene senza essere immediatamente colmato di gioie, come se tutto il suo essere fosse stato rinnovato e rivivificato in tutte le sue facoltà, da parte delle sorgenti della Tua propria vita; Egli non può discostarsene, senza essere immediatamente consegnato a tutti gli orrori dell'incertezza, del pericolo e della morte. Affrettati, Dio di consolazione, Dio di potenza; affrettati nel far discendere nel mio cuore[34] uno di questi puri movimenti divini per stabilire in me il regno della Tua eternità, e per resistere costantemente ed universalmente a tutte le volontà estranee che vorrebbero riunirsi per combattere nel mio animo, nel mio spirito e nel mio corpo. Sarà in quel momento che io mi abbandonerò al mio Dio nella dolce effusione della mia fede, e divulgherò le sue meraviglie. Gli uomini non sono degni delle Tue meraviglie, né di contemplare la dolcezza della Tua saggezza e la profondità dei Tuoi consigli! Ma io sono degno di pronunciare tali bei nomi, insetto vile che io sono, e che merita solo la vendetta della giustizia e dell'ira? Signore, Signore, lasciami riposare per un momento sulla stella[35] di

---

[34] E' il cuore il Tempio in cui l'uomo deve ristabilire il culto dell'Essere.

[35] «una stella spunta da Giacobbe e uno scettro sorge da Israele» (Nm 24,17) E' essa la promessa – l'epifania – dell'ingresso nel regno divino. E' stata messa in relazione – come profezia – con questo passo dei vangeli: «Nato Gesù a Betlemme di Giudea, al tempo del re Erode, ecco, alcuni Magi vennero da oriente a Gerusalemme e dicevano: "Dov'è colui che è nato, il re dei Giudei? Abbiamo visto spuntare la sua stella e siamo venuti ad adorarlo". [...] Udito il re, essi partirono. Ed ecco, la stella, che avevano visto spuntare, li precedeva, finché giunse e si fermò sopra il luogo dove si trovava il bambino. Al vedere la stella, provarono una gioia grandissima. Entrati nella casa, videro il bambino con Maria sua madre, si prostrarono e lo adorarono. Poi aprirono i loro scrigni e gli offrirono in dono oro, incenso e mirra. Avvertiti in sogno di non tornare da Erode, per un'altra strada fecero ritorno al loro paese» (Mt 2,1-2. 9-12).

Giacobbe[36], e la Tua santa luce si stabilirà nella mia mente, così come la Tua pura volontà nel mio cuore.

## Breve Commentario

Dobbiamo comprendere come il Filosofo Incognito non chieda a Dio, al Padre, di annullare la propria volontà e di rendersi schiavo e succube di quella divina. Non vuole essere guscio vuoto, per poi essere impregnato da un qualcosa di estraneo e non desidera quindi divenire un Santo Idiota. Piuttosto l'uomo di desiderio è consapevole dell'esistenza di due nature all'interno dell'uomo. L'una frutto dell'azione dei prevaricatori (quindi psichica) e della grossolanità della materia, e l'altra squisitamente e finemente spirituale (retaggio del mondo superiore). Quindi l'uomo di desiderio chiede di essere liberato dalla ferrea stretta della prima, in modo che la seconda possa germogliare.

Le lusinghe tutte di questo mondo, le sue fascinazioni, i suoi plausi, le sue benemerenze altro non sono che catene che imbrigliano l'uomo e lo separano dal divino che in esso alberga, mentre le "sofferenze" sono dei momenti di intima riflessione, delle salubri scosse e degli utili sussulti attraverso cui l'uomo riprende coscienza di se stesso e di quanto è realmente importante. Come un torrente limaccioso le cose di questo mondo cercano di trascinarci via, di allontanarci dal divino. Sono queste le emozioni e le fascinazioni che ci traggono fuori dal nostro centro, dal nostro tempio intimo. Anch'esse sono prove in quanto – come dice il Filosofo – il vero devoto non teme nessuna distrazione e rimane saldo nel suo perenne culto.

Quale il centro pulsante di questo culto? Quale lo strumento che l'uomo deve affinare per non perdersi nella notte dell'ignoranza e dell'incertezza? E' questo il cuore, inteso come reale e permanente centro del pensiero superiore. Quando la mente è silenziosa, quando il corpo è crocifisso nell'equilibrio armonico, allora emerge il reale pensiero divino a cui l'uomo di desiderio si deve abbandonare.

---

[36] Giacobbe è stato secondo la Bibbia uno dei Padri dell'Ebraismo nonché eroe eponimo del popolo di Israele. Giacobbe significa "il soppiantatore".

---

La Pratica.

1. Riflessione simbolica: approfondire il concetto di "rendersi coppa".

2. Riflessione operativa: scegliere un passo della preghiera ed immaginare una pietra posta al centro di torrente limaccioso ed impetuoso. Questa pietra malgrado la forza delle acque e la violenza delle onde rimane immobile in se stessa e per se stessa.

3. Riflessione psicologica: Individua le forze emotive e di fascinazione che ti portano lontano da te stesso e a perderti nelle contingenze e nelle necessità di questo mondo.

4. Riflessione immaginifica: Essere immobili, in ginocchio, al centro di un cerchio. In perfetta pace, in assoluto silenzio, al riparo dalle intemperie di questo mondo e godere della sussurrata saggezza divina che ci appare in forma di suoni ed immagini per la nostra esclusiva beatitudine e per il nostro sommo apprendimento.

# PREGHIERA 6

Ascolta, anima mia ascolta e consolati nella tua angoscia! C'è un
Dio potente che vuole prendersi cura di guarire tutte le tue ferite.
Egli è il solo, sì, è il solo che ha questo supremo potere; Egli lo
esercita esclusivamente verso coloro che lo riconoscono come il
detentore e il geloso amministratore di questo potere. Non andare
da lui sotto mentite spoglie come la moglie di Geroboamo[37], che il
profeta Achia[38] travolge di rimproveri; recati piuttosto con l'umiltà
e la fiducia che dovrebbe dare il sentimento dei Tuoi spaventosi
mali, e della potenza universale di colui che non vuole la morte del
peccatore, poiché è stato Lui che ha creato ogni anima. Lascia al
tempo completare la sua legge su di te, in tutto ciò che è sottoposto
al tempo; Non accelerare la sua opera con i tuoi disordini; non
ritardarla con i tuoi falsi desideri e le tue vane speculazioni che
sono il contributo del non senso. Ma unicamente occupata dalla tua
guarigione interiore e dalla tua liberazione spirituale, raccogli con
cura le poche forze che in ogni momento si sviluppano in te; serviti
di questi movimenti segreti della vita, per avvicinarti ogni giorno
sempre di più a Colui che vorrebbe già possederti nel Suo seno, e
farti partecipe con Lui, la dolce libertà di un essere che gode
pienamente dell'uso di tutte le sue facoltà, senza mai conoscere
nessun ostacolo. Nei momenti in cui questi slanci felici ti
conquisteranno, sollevati dal tuo letto di dolore, e dì a questo Dio
di misericordia e di onnipotenza: Fino a quando, Signore, lascerai
languire in questo stato di schiavitù e di rimprovero, questa antica
immagine di Te stesso che il corso dei secoli ha sepolto sotto le
macerie, ma non ha mai potuto cancellare? Essa ha avuto il
coraggio di ignorarTi quando ha vissuto nello splendore della tua
gloria; e Tu, non hai potuto fare altro, che chiudere su di essa gli
occhi della Tua eternità; e da quel momento essa si è trovata
sprofondata nelle tenebre, come in un abisso. A seguito di questa

---

[37]Geroboamo, in ebraico: יָרָבְעָם, yarobh'am; in greco: Ιεροβοάμ; in latino:
Jeroboam, fu il primo re del regno di Israele, separato da quello di Giuda
dopo la morte di re Salomone. Apparteneva alla tribù di Efraim ed era
figlio di Nebat di Zereda e di Zerua. Regnò dal 930 al 909 a.C.
[38]è stato un profeta biblico che operò in età monarchica durante il regno
di Salomone e successivamente di suo figlio Roboamo in Giuda e di
Geroboamo in Israele.

lamentosa caduta, essa è stata in ogni momento irrisa dai suoi nemici; essi non si contentano di coprirla con il loro scherno; la infestano dei loro veleni; la caricano di catene, poiché essa non possa difendersi, e quindi hanno gioco facile a colpirla con le loro frecce avvelenate. Signore, Signore, questo lungo e umiliante calvario non è sufficiente per l'uomo a riconoscere la Tua giustizia e rendere omaggio alla Tua potenza? Questo ammasso infetto di scherni e di oltraggi del suo nemico, non ha dimorato per fin troppo tempo in questa immagine di Te stesso per fargli aprire gli occhi, e convincerlo delle sue illusioni? Tu non temi che alla fine queste sostanze corrosive cancellino completamente la sua impronta, e la rendano assolutamente irriconoscibile? I nemici della Tua luce e della Tua saggezza non mancherebbero di confondere questa lunga catena delle mie vergogne con la Tua eternità stessa; essi crederebbero che il loro regno di terrore e confusione è l'unica e reale dimora della verità; crederebbero di averTi sconfitto ed essersi impadroniti del Tuo regno. Non permettere dunque, o Dio di zelo e di gelosia, che la Tua immagine sia a lungo profanata. La Tua gloria mi è ancora più cara della mia felicità, in quanto essa si basa sulla Tua stessa gloria. Alzati dal Tuo trono immortale, da questo trono su cui riposa la Tua saggezza, qui tutto risplenderà delle meraviglie del Tuo potere; entra per un istante nella vigna santa che Tu hai piantato per l'eternità; prendi un solo chicco di quell'uva vivificante che essa non cessa di produrre; spremilo con la Tua mano divina, e fai colare sulle mie labbra il nettare sacro e rigeneratore il solo che può restaurare le mie forze; esso umetterà la mia lingua riarsa; discenderà fino al mio cuore; esso porterà la gioia con la vita; penetrerà in tutte le mie membra; rendendole sane e robuste, ed io sembrerò vivo, agile e vigoroso come lo ero il primo giorno in cui sono uscito dalle Tue mani. Sarà allora che i Tuoi nemici, delusi nelle loro speranze, arrossiranno di vergogna e rabbrividendo di paura e di rabbia, nel vedere come i loro sforzi sono stati vani contro di Te, e che il mio sublime destino avrà conseguito il suo compimento, nonostante la loro audaci e ostinate azioni. Ascolta, anima mia, ascolta e consolati nella tua angoscia: C'è un Dio potente che vuole prendersi cura di guarire tutte le ferite.

## Breve Commentario

Oltre alla consapevolezza – attorno allo stato di miseria in cui l'uomo versa – è necessaria anche l'umiltà per potersi sollevare dalla condizione a cui per colpa, nostra unica colpa, siamo condannati. E' Dio l'unico detentore e amministratore di quel particolare potere consolatorio, capace di lenire le piaghe e le ferite dell'anima. E anche l'uomo più potente, più ricco e più famoso di questo mondo è niente se non procede lungo la via della cura della propria anima. Questo continuo rimandare ad immagine di malattia e dolore sottolinea come l'uomo versi in uno stato di progressivo – generazione dopo generazione – malore. I prevaricatori, coloro che lo hanno condotto alla caduta, attraverso i loro veleni (i pensieri e le fascinazioni) cercano di corrompere ulteriormente la natura (l'impronta) divina che è impressa nell'uomo. Un uomo fatto ad immagine di Dio, e come tale oggetto della loro continua profanazione. Potrà mai questa azione, tesa al deterioramento spirituale dell'uomo, giungere al punto di rimuovere e corrompere in modo irreparabile ed irreversibile la sua impronta divina? Questo è l'interrogativo, questo è il timore e questo è quanto cerca di scongiurare – attraverso la preghiera, l'umiltà e la rinuncia – l'uomo di desiderio rivolgendosi a Dio. Il lamento dell'uomo di desiderio, la sua straziante e continua preghiera (che assume forma di supplica, di scongiuro, e di lode in guisa del momento e della necessità) mira a strappare Dio, quasi a violentarlo nella sua immota sapienza, dalla silenziosa contemplazione di se stesso e di costringerlo a gettare il suo benevolo sguardo verso la creatura supplicante.

Al contempo questa preghiera assume anche valenza di consolazione e di speranza nei confronti dell'anima umana che ha preso coscienza della propria condizione di manchevolezza e di pericolo costante in cui essa si trova. In quanto, ed è questo l'inespresso che si cela nelle accorate suppliche, per l'uomo di desiderio non è sufficiente la presa di coscienza attorno alla grossolanità del proprio pensiero e della propria anima, non è sufficiente conformarsi a precetti morali e neppure rifugiarsi nella preghiera fine a se stessa. L'uomo di desiderio ha necessità di ristabilire l'antica e primitiva alleanza con Dio per essere preservato e salvato dall'azione dei prevaricatori.

La Pratica.

1. Riflessione simbolica: approfondire il concetto di "notte dell'anima[39]".

2. Riflessione operativa: scegliere un passo della preghiera e supplicare il divino che in noi alberga di essere liberati dall'angoscia, dalla paura e dagli accidenti della vita che ci distolgono dalla nostra ricerca spirituale.

3. Riflessione psicologica: Individua le profonde radici delle tue paure e dei tuoi timori. Ricerca il primo momento in cui essi si sono manifestati e come hanno messo radice nel tuo animo.

4. Riflessione immaginifica: Essere immobili, in ginocchio, al centro di una stanza buia. Avvertire, negli angoli a noi maggiormente remoti, la presenza di qualcosa/qualcuno indistinto e minaccioso. Cercare di dare un volto, una fattezza a tutto ciò, e attendere la luce rivelatrice che ci mostri come questo pericolo sia immaginario.

---

[39]La "notte oscura dell'anima" è per i mistici un lasso temporale di tristezza, paura, angoscia, confusione e solitudine, necessario per potersi avvicinare a Dio.

# PREGHIERA 7

Io mi presenterò alle porte del tempio del mio Dio[40], e non abbandonerò questa umile condizione di indigente, finché il Padre della mia vita non mi abbia donato il mio pane quotidiano. Eccolo che si fa avanti, questo pane quotidiano; io l'ho ricevuto, io l'ho assaggiato e voglio annunciare la sua dolcezza alle generazioni future. L'eterno Dio degli esseri; il Nome Sacro che si è dato per farsi conoscere alle nazioni visibili e invisibili; Colui che si è fatto carne; lo Spirito nel cui nome tutti si devono piegare in ginocchio verso il cielo, sulla terra e negli inferi; ecco i quattro elementi immortali che compongono questo pane quotidiano. Esso si moltiplica senza sosta come l'immensità degli esseri che se ne nutrono, e, qualunque cifra raggiunga il loro numero, essi non potranno mai diminuirne l'abbondanza e trovarsi nel bisogno. Questo pane quotidiano ha sviluppato in me i germi della mia vita eterna e li ha messi in grado di far passare nel mio sangue la sacra linfa delle mie radici originali e divine. I quattro elementi che lo compongono hanno rimosso dal caos del mio cuore le tenebre e la confusione; essi hanno ripristinato una viva e santa luce, invece della fredda oscurità che l'avviluppava; la loro forza creatrice mi ha trasformato in un nuovo essere, e sono divenuto il custode e l'amministratore dei loro nomi sacri e dei loro segni vivificanti. Così, per manifestare la gloria di colui che ha scelto l'uomo come suo angelo e suo ministro, io mi sono presentato a tutta la nazione. Ho esposto e mostrato tutte le opere delle sue mani, e ho distribuito su ciascuna di esse quei segni che Egli aveva impresso su di me, per trasmetterli a tutte le sue creature, e per rivendicare le loro proprietà e la potenza del nome che avevano ricevuto. Io non ho limitato il mio ministero ad agire solamente sulle giuste opere dell'eterna saggezza; mi sono avvicinato a tutto ciò che è era deformato, e ho lasciato cadere su questi frutti del disordine i segni della giustizia e della vendetta legati ai segreti poteri della mia elevazione. Quei frutti che io ho potuto strappare dalla corruzione, e li ho offerti in olocausto al Dio Supremo, e ho composto i miei

---

[40] E' l'uomo che attivamente cerca Dio e giunge alla soglia del Tempio da cui la prevaricazione lo fece bandire. E' questo l'uomo che torna ad essere Sacerdote e Ministro dell'Altissimo.

profumi con delle pure lodi del mio animo e del mio cuore, in modo che tutto ciò che respira riconosca che a questo supremo Dio sono dovuti tutti i tributi, tutta la gloria e tutti gli onori, come unica fonte di ogni potenza e di ogni giustizia; e gli ho detto nei trasporti del mio amore: "Beato l'uomo, poiché Tu lo hai voluto scegliere quale sede della Tua autorità e il ministro della Tua gloria nell'universo! Beato l'uomo, poiché Tu gli hai permesso di sentire nel profondo della Tua essenza, l'attività penetrante della Tua vita divina! Beato l'uomo, dal momento che gli hai permesso che osasse offrirti un sacrificio di riconoscenza attinto dal sentimento ineffabile di tutte le virtù e della Tua Santa Universalità." Egli non vi ha trasmesso potenze terrene e potenze dell'universo[41]: Egli vi ha reso semplici agenti delle Sue leggi e delle forze che operano per il compimento dei Suoi disegni. Perciò non vi è un essere in natura, non vi è un essere fra di voi che non Lo assecondi nel compimento della Sua opera, e che non collabori nella realizzazione dei Suoi piani. Ma Egli non si è fatto conoscere a voi come il Dio di pace e come il Dio d'amore; e anche se vi ha donato l'esistenza, voi siete ancora confusi per le conseguenze della ribellione[42]: poiché Egli raccomandò all'uomo di sottomettersi ed essere dominato. Sebbene in numero assai minore Lui vi ha concesso, a differenza che alle potenze perverse e corrotte[43], dei favori con cui ha avuto il piacere di colmare l'uomo. Voi non avete saputo conservare quanto vi ha accordato alla vostra origine; avete avuto l'imprudenza di credere che avreste potuto avere per voi una più bella sorte e un più glorioso privilegio, che essere l'oggetto della Sua tenerezza, e da allora voi non avete che meritato che di essere l'oggetto della Sua vendetta. E' all'uomo solo a cui ha affidato i tesori della Sua sapienza; e in questo essere, secondo il Suo cuore, ha riposto tutto il Suo affetto e tutti i Suoi poteri. Egli ha detto creandolo: "Diffondi su tutto l'universo l'ordine e l'armonia tramite cui Io ti ho permesso di attingerne i principi nella

---

[41] Potere sul quaternario inferiore e potere sul quaternario superiore.

[42] Che comportò la caduta dell'Uomo Primordiale o Archetipale.

[43] I prevaricatori che caddero prima dell'Uomo Archetipale e che congiurarono per la sua rovina.

mia stessa esistenza; esso[44] non può conoscerMi che per la giustezza delle mie opere e la fissità delle mie leggi; esso non può essere iniziato ai misteri del mio santuario; esso ha in sé solamente la misura dei miei poteri, sta a te di esercitarli in tutti i loro domini, poiché unicamente attraverso gli atti dei miei poteri egli può conoscere che c'è un Dio. Nei riguardi dei miei nemici scaglia su di essi tutti i dardi della mia rabbia, sono ancora più lontani da me che le potenze della natura, e la santità della mia gloria non mi permette di esprimermi a loro che con il peso della mia giustizia. Tu solo uomo, tu solo oramai riunirai i doni dei Miei poteri e della Mia giustizia, quella di poter sentire le vive delizie del Mio amore, e di condividerli con coloro che si rendono degni. È per questo che Ti ho creato unico a Mia immagine e a Mia somiglianza; poiché l'essere che non ama, non potrebbe essere a Mia immagine. E' da questo trono sacro su cui ti ho posto, come un secondo Dio, che io vedrò diffondersi su tutto, quanto è stato creato dalle Mie mani, i diversi attributi del Mio essere, e tu mi sarai caro al di sopra di ogni creatura, poiché Io ti ho scelto per essere il mio strumento universale, non vi sarà più nulla di Me che non sia conosciuto." Sovrano autore del mio Spirito, della mia anima e del mio cuore, Tu sia benedetto per sempre in tutti i luoghi e in tutti i tempi, per avere permesso che l'uomo, questa creatura ingrata e criminale, potesse recuperare delle verità tanto sublimi. Egli si era reso indegno per il suo crimine; e se il ricordo della Tua alleanza antica e santa, non avesse obbligato il Tuo amore a restituirgliele, esse sarebbero state eternamente perse per lui. Lode e benedizioni a colui che ha creato l'uomo a Sua immagine e Sua somiglianza, e che, nonostante tutti gli sforzi e i trionfi degli inferi, ha saputo ristabilirlo nella Sua gloria, nella Sua sapienza e nelle beatitudini della Sua origine. Amen.

Breve Commentario


E' l'uomo che decide di andare incontro a Dio; è un uomo umile e umiliato quello che bussa alla porta del Tempio pretendendo il pane dell'eterna vita. Questo nutrimento spirituale, l'unico necessario e l'unico reale, è dispensato a tutte le creature dal

---

[44] L'universo: l'interezza della creazione.

Cristo. E' un nutrimento che giammai deperisce e che giammai decresce malgrado il numero infinito di creature che lo pretendono. Al Cristo riparatore, fino a questo momento tratteggiato, viene aggiunta una nuova qualità indispensabile per l'uomo di desiderio. E' essa la sua volontà, la sua liberalità, di soddisfare il nutrimento supersostanziale. Esso è costituito da quattro elementi immortali: il Dio degli Esseri[45], il Nome Sacro attraverso cui è conosciuto[46], Il Cristo e lo Spirito Santo. Questa sacra e sovrumana amalgama ha il potere di infondere i semi della vita eterna e di innescare un processo trasmutativo nell'uomo che l'accoglie. Siamo ancora una volta – in queste esposizioni che hanno forma di preghiere – innanzi ad una profonda opera di alchimia spirituale, a cui l'uomo di desiderio si sottopone nella sua duplice veste di alchimista e materia da trasmutare.

E' tramite questa alimentazione, e solamente tramite di essa, che l'uomo può nuovamente rivestirsi del ruolo e della dignità che l'Essere aveva preposto per lui: *"Così, per manifestare la gloria di colui che ha scelto l'uomo come suo angelo e suo ministro"*.

Nuovamente il Filosofo Incognito sottolinea come il percorso che attende l'uomo di desiderio, si estrinsechi in un'opera di coadiuvatore – sacerdote – dell'Altissimo e come qui, sulla terra, egli debba intensamente testimoniarne le opere e la potenza. Louis Claude de Saint-Martin lungamente, nella seconda parte di questo inno, con stile enunciativo si profonde nello spiegare il perché della creazione dell'uomo. L'uomo non fu plasmato dall'Essere al fine di dominare o di manifestare arbitraria potenza nei cieli e sulla terra. L'uomo fu creato per essere agente del Divino, una sorta di regolatore ed esecutore delle leggi che Egli ha stabilito e dei piani che egli ha elaborato. La ribellione dell'uomo, dettata da orgoglio, lo ha rimosso da questo ruolo e lo ha scaraventato nella confusione. Qual è, e in cosa risiede, questo orgoglio che ha determinato la caduta dell'Uomo dal suo rango di celeste ministro? L'immaginarsi più glorioso e più potente dello stesso Essere che lo aveva creato. Questa la fascinazione, la suggestione, l'illusione che condanna l'uomo alla caduta. Un uomo che per sua stessa volontà

---

[45] Con maggior correttezza l'Essere che ha generato, creato, emanato tutte le creature e tutte le potenze.

[46] Costituito dal Sacro Nome Pentagrammatico.

recide il rapporto con l'Essere ponendosi fuori dal ruolo che Egli aveva disegnato per lui. Un uomo che infrange le leggi, che si pone fuori dal perimetro dell'azione e del pensiero divino è un uomo che da regolatore e amministratore della potenza divina diviene oggetto di vessazione e tribolazione nel mondo inferiore.

Eppure all'uomo, a differenza delle potenze che lo hanno preceduto, è concesso di riconciliarsi con l'Essere e di reintegrarsi in quelle qualità, virtù e prerogative primitive attraverso un percorso di presa di coscienza, di umiltà e purificazione. E' questo un uomo sulla via del ritorno; è questo un uomo benedicente l'Essere; è questo un uomo protetto dall'Essere nei confronti dei malvagi; è questo un uomo colmato dalle benedizioni e dai doni divini.

Semplicemente in queste righe, che compongono questa preghiera, è spiegato il nucleo fondamentale del mito del Trattato sulla Reintegrazione degli Esseri.


La Pratica.

1. Riflessione simbolica: approfondire il concetto di "caduta[47]"

2. Riflessione operativa: compiere un lavoro di apprendimento in merito alla distinzione fra fantasia ed immaginazione.

3. Riflessione psicologica: Individua le fantasticherie, i desideri di potenza, che affollano la tua mente e avvelenano la tua anima.

4. Riflessione immaginifica: Essere un nucleo di luce pulsante bianca, fermo ed immobile. Questo nucleo riceve luce da un punto a lui sovraordinato e a sua volta irradia luce di diversi colori verso altri nuclei di forme e dimensioni diverse.

---

[47] Attraverso l'espressione "la caduta" o "la caduta dell'uomo" (rivolta all'interezza del genere umano, in forza della colpa o dell'errore dell'Uomo Primitivo) la teologia Cristiana e la filosofia gnostica, narrano la Perdita dei privilegi e la condizione originaria di cui godeva al momento della sua creazione/emanazione.

# PREGHIERA 8

Uniamoci, uomini di pace, uomini di desiderio; uniamoci a contemplare in un santo timore la vastità della misericordia del nostro Dio, e unitamente diciamogli che tutti i pensieri degli uomini, tutti i loro desideri più puri, tutte le loro azioni più giuste, non potrebbero insieme avvicinarsi al più piccolo gesto del Suo amore. Come potremmo noi esprimere questo amore, quando non si limita a atti estemporanei e di un momento, ma sviluppa immediatamente tutto il suo tesoro in un modo costante, universale e imperturbabile. Sì, Dio di verità e di carità inesauribile, ecco come agisci quotidianamente con l'uomo! Chi sono io? Un vile ammasso di disgustose lordure, che diffonde in me ed attorno a me l'infezione. Ebbene! è nel mezzo di questa infezione che la Tua mano instancabile si immerge senza sosta, per trarre quel poco che rimane ancora in me di questi elementi preziosi e sacri di cui Tu formasti dalla Tua esistenza. Come la diligente donna che nel Vangelo consuma la sua luce, per trovare la dracma che ha perduto[48]. Tu non cessi di tenere i luminari accesi, e Ti curvi continuamente fino a terra, sempre sperando di ritrovare nella polvere quell'oro puro, che è sfuggito dalla Tua mano. Uomini di pace, come non contempleremo in un santo timore la vastità della misericordia del nostro Dio? Noi siamo un migliaio di volte più colpevoli verso di lui, che quei criminali, secondo la giustizia umana, che sono condotti attraverso le città e nelle pubbliche piazze, coperti con tutti i segni di infamia e che si forzano a confessare pubblicamente i loro crimini ai piedi dei templi e di tutte le potenze hanno disprezzato. Noi dovremmo come essi, e con mille volte maggiore giustizia che essi, essere trascinati ignominiosamente ai piedi di tutte le forze della natura e dello spirito; noi dovremmo essere condotti come criminali in tutte le regioni dell'universo, visibili e invisibili, e ricevere in loro

---

[48] « O quale donna ha dieci dracme e ne perde una, non accende la lucerna e spazza la casa e cerca attentamente finché non la ritrova? E dopo averla trovata, chiama le amiche e le vicine, dicendo: Rallegratevi con me, perché ho ritrovato la dracma che avevo perduta. Così, vi dico, c'è gioia davanti agli angeli di Dio per un solo peccatore che si converte. » (Luca 15,8-10)

presenza le terribili e vergognose punizioni che giustamente meritano le nostre terribili prevaricazioni; ma invece di trovare giudici formidabili, armati di vendetta, chi incontriamo? Un Re venerabile i cui occhi annunciano la clemenza, e la bocca non cessa di pronunciare il perdono per tutti coloro che non vogliono accecarsi fino al punto di credersi innocenti. Lungi dal voler che noi indossiamo per lungo tempo gli indumenti del rimprovero, Egli ordina ai suoi servi di darci la nostra originaria veste, di metterci un anello al dito e dei calzari ai nostri piedi; e per indurlo a colmarci di tali favori semplicemente, come novelli figlioli prodighi, noi riconosciamo che non riusciamo a trovare nella casa di sconosciuti la medesima felicità che è nella casa di nostro padre. Uomini di pace, come non contempleremo in un santo timore l'estensione dell'amore e della misericordia del nostro Dio! E come non formuleremo una santa risoluzione di rimanere sempre fedeli alle Sue leggi e ai benefici consigli della Sua saggezza? No, io non posso amare che Te, Dio incomprensibile nella Tua indulgenza e nel Tuo amore; Io non voglio che amare Te, perché Tu mi hai molto perdonato. Io non voglio trovare un altro luogo per riposare, che il seno e il cuore del mio Dio. Egli abbraccia tutto con la Sua potenza, e qualsiasi movimento che faccio, trovo ovunque un appoggio, un sollievo e una consolazione, perché la Sua fonte divina versa ovunque e congiuntamente tutti questi beni. Si precipita Egli stesso nel cuore dell'uomo, e non vi si lancia una volta sola, ma costantemente e con atti reiterati. Ecco come Egli genera in noi e moltiplica la Sua propria vita, perché con ognuno di questi atti divini, si stabiliscono in noi dei raggi puri ed estratti dalla sua propria essenza, sui quali Egli ama riposare, e che diventeranno in noi degli strumenti delle Sue generazioni eterne. Da questo sacro focolare, Egli invia in tutte le facoltà del nostro essere emanazioni simili, che, a loro volta, ripetono incessantemente la loro azione in tutto ciò che ci compone, moltiplicando così continuamente le nostre attività spirituali, le nostre virtù e le nostre luci. Questo è il motivo per cui è così utile edificare un tempio nel nostro cuore. O uomini di pace, o uomini di desiderio, uniamoci per contemplare in un santo timore l'estensione dell'amore, delle misericordie e delle potenze del nostro Dio.

## Breve Commentario

Gli uomini di desidero devono unirisi. Gli uomini di desiderio devono riconoscersi in una fratellanza spirituale, che contempli la vastità dell'amore divino. Il Filosofo Incognito ci narra di come nell'uomo sussistano due nature:

la prima è quella primitiva ed è simboleggiata dall'oro. Essa è stata plasmata dall'Essere, che ha infuso in questa opera le qualità che compongono la sua stessa esistenza.

La seconda è simboleggiata dalla polvere, dalla melma, ad indicarne l'impermanenza posticcia, ma anche e sopratutto l'impurità.

L'uomo, a causa della sua ribellione dettata dall'orgoglio, è nei confronti di Dio mille e mille volte maggiormente colpevole rispetto a qualsiasi criminale comune. In quanto nel primo caso ha offeso chi gli ha dato tutto, e nel secondo caso chi è nell'errore e nel peccato in egual misura alla sua. Sarebbe destino ineluttabile, come i ladri e i malfattori, che l'uomo fosse trascinato ovunque ed esposto alla vergogna e alla vendetta; che fosse in perpetuo condannato a questa sofferenza, che è frutto del ricordo di quanto aveva e di quanto ha dissipato. Eppure la benevolenza divina è tale che ci offre non solo il perdono, ma anche la possibilità di tornare a ricoprire il perduto ruolo primitivo.

"Egli ordina ai suoi servi di darci la nostra originaria veste, di metterci un anello al dito e dei calzari ai nostri piedi"

E' attraverso queste parole che il Filosofo Incognito ci descrive la riconciliazione fra l'Uomo - rigenerato - e l'Essere. Abbiamo tratteggiata la vestizione di un sacerdote, di un figlio prediletto, che viene riammesso ad operare il Culto attraverso la Teurgia. Chi sono i servi dell'Essere, del Padre Celeste, se non gli angeli - servitori per antonomasia - che conferiscono i doni all'uomo posto sul sentiero? La veste è l'anima solare, che prende il posto dell'anima lunare: intrisa di emozioni grossolane la seconda e risplendente di luce spirituale la prima. L'anello è sia la promessa di fedeltà e sia simbolo del ruolo sacerdotale - e del potere ad esso associato - riconquistato. I calzari sono la dignità riconquistata[49].

Quindi al perdono, che l'uomo di desiderio deve cercare, segue la riconciliazione all'ombra del Culto Divino – simboleggiata dalla vestizione ad opera dei servi – e da cui discende la possibilità di godere dei singoli doni che scaturiscono dal fuoco centrale divino. Questa in poche e pregnanti parole la progressione dell'uomo di desiderio lungo la via della riconciliazione e della reintegrazione.

La Pratica.

1. Riflessione simbolica: approfondire i simboli dell'anello sacerdotale, dei calzari e della vestizione.

2. Riflessione operativa: compiere degli atti di riparazione interiore. Imporsi dei sacrifici volontari, tesi a ripagare ed espiare precedenti colpe.

3. Riflessione psicologica: prendere consapevolezza dei nostri errori, e delle loro conseguenze sul piano spirituale.

4. Riflessione immaginifica: Essere al centro di un grande salone, abbagliati da una luce diffusa. Vedere tre angeli che giungono a noi portandoci l'uno un anello su di un vassoio, l'altro una veste su di un vassoio e l'ultimo dei calzari. Vivere intensamente il momento della nostra vestizione.

---

[49] Indossare i sandali equivale ad acquistare dignità: il figlio prodigo al suo ritorno a casa, anziché essere trattato come schiavo, riceve i segni della dignità filiale: il vestito più bello, l'anello al dito e i sandali ai piedi (cfr. Lc 15,22 ). I sandali sono richiesti agli ebrei in partenza dall'Egitto, i quali, per camminare speditamente, devono avere la cintura ai fianchi e i sandali ai piedi (Es 2,11) e sono segno della cura di Dio durante il cammino nel deserto: «i vostri sandali non si sono logorati ai vostri piedi» (cfr. Dt 29,4). L'apostolo Pietro, liberato dal carcere, come in una nuova esperienza di Esodo, deve mettersi i sandali per riprendere il cammino (At 12,8). L'apostolo Paolo esorta ad avere «i piedi calzati e pronti a propagare il vangelo della pace». I piedi calzati indicano la prontezza e lo zelo che accompagnano l'annuncio del Vangelo (Ef 6, 15; cfr. Is 52,7).

# PREGHIERA 9

Signore, come ci sarebbe possibile qui in basso[50] cantare gli inni della città santa? È nel mezzo dei torrenti delle nostre lacrime, che noi possiamo far intendere i canti di gioia e di giubilo? Se io apro la bocca per formare i primi suoni, i singhiozzi mi opprimono e io non posso lasciare sfuggire che dei sospiri e degli acuti del dolore, e spesso anche questi singhiozzi si soffocano nel mio petto; oh ben nessun orecchio caritatevole è vicino a me per udirli e portarmi del sollievo. Mi sento sopraffatto dall'estensione e dalla lunghezza delle mie sofferenze; e il crimine non cessa di presentarsi a me, annunciandomi che in un istante la morte, attraverso il freddo dei suoi veleni, gelerà tutto il mio essere. Già si è presa tutte le mie membra, ed io sono giunto al punto di essere abbandonato come il cadavere appena spirato, che i servi hanno lasciato a marcire. Tuttavia, Signore, perché tu sei la fonte universale di tutto ciò che esiste, Tu sei anche la sorgente della speranza; e se questo raggio di fuoco non si è ancora spento nel mio cuore, io credo ancora in Te, io sono ancora legato alla Tua vita divina da questa immortale speranza che scorre continuamente dal Tuo trono. Io oso quindi implorarti dalla profondità dei miei abissi; Io oso di chiamare in mio aiuto la Tua mano beneficente, affinché essa si degni di operare alla mia guarigione. Com'è che si operano le guarigioni del Signore? E' attraverso la docile sottomissione al saggio consiglio del medico divino[51]. Ho bisogno di prendere con gratitudine e con ardente desidero, la bevanda amara[52] che la sua mano mi presenta; bisogna che la mia volontà concorra con ciò che mi anima; è necessario che la durata e le sofferenze del trattamento non mi inducano a respingere il bene che viene a me da questo Supremo Autore di ogni bene; Egli si permea del sentimento dei miei dolori, io non ho altro da fare che permearmi del sentimento

---

[50] Il senso corretto risiede nella condizione di miseria spirituale, di bisogno corporale e di debolezza mentale in cui l'uomo versa.

[51] L'uomo è afflitto da una malattia dell'anima, e solamente il Cristo Riparatore può curarla.

[52] La bevanda amara è la comprensione profonda ed intima della disgrazia in cui versa l'uomo,

del Suo caritatevole interesse per me. E' in questo che il calice della salute mi sarà di profitto; è in quel momento che la mia lingua riprenderà la sua forza, e canterà i cantici della Città Santa. Signore, quale sarà il mio primo cantico? Sarà completamente all'onore e alla gloria di Colui che mi ha restituito la salute, e che avrà operato la mia liberazione. Io canterò questo cantico dall'alba al tramonto; lo Canterò per tutta la Terra, non solo per celebrare la potenza e l'amore del mio liberatore, ma per comunicare a tutte le anime di desiderio e all'intera famiglia umana, il modo certo ed efficace per recuperare per sempre la salute e la vita. Insegnerò loro che con questo, lo spirito di sapienza e di verità si riposerà sul loro cuore, e li condurrà in tutte le loro vie. Amen.

Breve commentario

Questa preghiera è intrisa di sofferenza e di riconoscimento, da parte dell'uomo, della propria inadeguatezza. Egli si interroga su come sarà mai possibile cantare le lodi del Signore, i suoi inni, se la sua voce è rotta dal dolore che l'anima consapevole prova? Nessuno è prossimo, nessuno fra gli uomini è a lei vicino per portarle consolazione. Con questo passaggio il Filosofo Incognito sottolinea che non vi è linimento, non vi è cura, non vi è ristoro nel mondo degli uomini per siffatto dolore; e del resto non è forse vero che tutti gli uomini sono in questa condizione? La morte avanza attraverso il freddo veleno della vita quaternaria, esso si insinua - generazione dopo generazione - in ogni uomo, causandone la progressiva ed ineluttabile morte. Solamente nel Signore vi è speranza di trovare assistenza e sollievo. Ecco quindi assumere l'uomo un'immagine di malato e moribondo, e parimenti ecco il Signore assumere veste di medico benevolo e saggio. L'uomo, è questo il pensiero del Filosofo, deve però accettare con umiltà e semplicità queste cure, non deve - questo l'inespresso - cercare proprie soluzioni, in quanto esse alimenterebbero solamente il dolore. Solamente dopo che avrà ricevuto la giusta e sapiente medicina, l'uomo potrà nuovamente cantare le lodi al Signore.

La Pratica.

1. Riflessione simbolica: approfondire il simbolismo legato alla figura del veleno.

2. Riflessione psicologica: interrogarsi in merito a quante volte, nel corso della nostra giornata, presumiamo di sapere e ci atteggiamo a giudici in base a mere illazioni e supposizioni prive di ogni costrutto e fondamento.

3. Riflessione operativa: quali sono le emozioni, le pulsioni e gli agiti che avvelenano progressivamente il nostro essere.

4. Riflessione immaginifica: essere distesi sul letto, in preda alle tribolazioni del male. Osservare le due coppe poste innanzi a noi. L'una è di fine cesello e ricca di gemme incastonate, ma il suo contenuto è veleno. L'altra è in legno grossolano, ma raccoglie limpida acqua curativa.

# PREGHIERA 10

Avrai la forza, anima mia, di contemplare l'enormità del debito che l'uomo colpevole ha contratto nei confronti della Divinità? Ma se hai avuta quella di abbandonarti al crimine, tu ne puoi ben comprendere tutto l'orrore. Misura attraverso il pensiero il campo del Signore; ricordati che l'uomo doveva esserne l'agricoltore; cerca di farti un'idea dell'immensità dei frutti che avrebbe dovuto produrre grazie alle tue cure; ricordati che tutte le creature sotto il cielo erano in attesa del loro nutrimento e del loro sostentamento dalla tua diligente coltivazione; considera che i campi del Signore si aspettavano da te il loro ornamento e i loro gioielli; considera che il Signore stesso era in attesa, attraverso la tua attenzione e la tua fedeltà, della gloria e della lode, che avrebbero dovuto attirargli il compimento dei Suoi disegni; considera che tutte queste cose dovevano essere fatte da te senza alcuna interruzione. Tu sei caduta, hai lasciato prendere al nemico dominio su di te e corrompere le tue vie. Da quel momento, hai reso arida la terra del Signore; tu hai sprofondato il cuore del Signore nella tristezza. Da quel momento, tu hai come prosciugato la sorgente della saggezza e del nutrimento in questo basso mondo; e da quel momento fatale, Tu hai arrestato ogni giorno tutte le produzioni del Signore; ora contempla l'enormità del tuo debito; contempla l'impossibilità in cui versi per pagarlo, e rabbrividisci nei più profondi recessi del tuo essere. Tu devi gli interessi ogni anno, a partire dal momento della tua infedeltà; Tu devi la decima di tutte le ore che sono trascorse da quel momento fatale; Tu devi riportare tutti questi interessi e la stessa decima, nelle mani dove tu avresti dovuto depositarli; Tu devi tutti i frutti di cui hai impedito la crescita fino alla consunzione dei tempi. Qual è dunque l'essere che avrebbe mai potuto assolverti innanzi alla giustizia eterna, nei confronti di quella giustizia i cui diritti non possono essere aboliti e i cui piani non possono mancare di giungere al loro termine e al loro completamento? E' qui, Dio supremo, che si manifestano i torrenti della Tua misericordia e l'abbondanza inesauribile dei Tuoi tesori eterni; E' qui che il Tuo cuore divino si è aperto sulla Tua creatura miserabile, e non solo le sue sanzioni sono state pagate, ma si ritrovò ancora sufficientemente ricca da andare in aiuto dei bisognosi. Tu hai detto al tuo verbo di andare esso stesso a coltivare il campo dell'uomo. Questo verbo sacro, la cui anima è l'amore, è giunto fino a questo campo colpito dall'infertilità. Egli ha consumato con il fuoco della sua parola tutte le piante parassite e velenose che vi erano state seminate; Egli ci ha piantato al loro posto il seme dell'albero della vita; Egli ha aperto i canali delle salubri fontane e le acque vive sono venute ad irrorarlo; Egli ha restituito la forza agli animali della terra, l'agilità agli uccelli del cielo; Egli ha reso la luce alle torce celesti, il suono e la voce a tutti gli spiriti che abitano la sfera dell'uomo; e ha restituito all'anima dell'uomo quell'amore di cui è esso stesso è la fonte e il focolare, e che ha condotto il suo sacrificio santo e ammirevole. Sì, eterno Dio di ogni lode e di ogni grazia, non c'era un essere potente, come il Tuo figlio divino, che potesse così riparare i nostri disordini e soddisfare la Tua giustizia. Non c'era che l'Essere Creatore che potesse pagare per noi quanto abbiamo completamente dissipato, poiché bisognava per questo che si realizzasse una nuova creazione. Potenze universali, se vi sentite pronte a cantare le sue lodi, per essere ripristinate nei vostri diritti, e affinché vi siano rese le vostre attività, quali atti di grazia non gli devo dunque io, per essersi reso lui stesso cauzione di tutti i miei debiti verso di Lui, verso di voi, verso tutti i miei fratelli e per averli saldati? È detto della donna penitente, che per aver molto amato, molto le era stato perdonato. All'uomo è stato tutto rimesso, tutto è stato saldato per lui, non solamente prima che egli cominciasse ad amare, ma anche quando egli era immerso negli orrori della sua Ingratitudine e come ghiacciato interamente si presentava a colui che dall'inizio ci aveva perdonati. Ogni movimento del nostro Dio deve essere un movimento universale, e che si fa sentire in tutte le regioni degli universi. Che, come il Dio supremo, l'amore faccia un movimento universale in tutto il nostro essere, e abbracci al contempo tutte le facoltà che ci compongono. Amen.

## Breve commentario

Siamo in presenza di uno struggente dialogo fra l'uomo di desiderio e la propria anima. L'uomo chiede all'anima di trovare in sè la forza e il coraggio e l'onestà per prendere coscienza dell'enormità del debito che ella ha contratto nei confronti del Signore. E' un debito che nasce, e che si alimenta, a causa della corruzione che l'anima ha subito quando si è lasciata ammaliare dalle lusinghe dei prevaricatori. Ella ha rinunciato così al ruolo che il Signore aveva preordinato per lei, e solamente per lei, causando la sospensione dell'azione divina, determinando il ritrarsi della volontà divina e causando, al contempo, la propria rovinosa caduta in questo mondo grossolano. Solamente quando l'anima prenderà coscienza di questo enorme debito e dell'impossibilità di ripagarlo potrà trovarne la remissione da parte del Signore. Ma non è forse il debito una catena che se da un lato non ci permette di essere liberi, dall'altro ci permette di rimanere nella nostra comoda ignavia?

La Pratica.

1. Riflessione simbolica: approfondire il simbolismo legato alla remissione del debito.

2. Riflessione psicologica: il diverso valore che noi diamo ai debiti altrui nei nostri confronti e al debito nostro nei confronti degli altri.

3. Riflessione operativa: quali sono i debiti che noi dobbiamo rimettere e che ci costringono a rimanere legati alle cose di questo mondo?

4. Riflessione immaginifica: immaginarsi nell'atto di trascrivere su carta i debiti che noi vantiamo nei confronti degli altri. Al termine di questa lunga elencazione bruciare i fogli e disperderne le ceneri.

# SEMI PENSIERO

Ovviamente ogni antologia è parziale e frutto dell'arbitrio e del gusto del suo compositore. Ho cercato di raccogliere i ventotto – numero importante nella prassi martinista – passi che maggiormente siano in grado di ispirare colui che è impegnato lungo il cammino di riconciliazione.

Coltivo la speranza che questi estratti, possano essere letti, vissuti e compresi in quella triplice dinamica che alimenta il retto percorso di disvelamento interiore.

La prima dinamica è sicuramente imputabile allo stimolo intellettuale, che perviene dallo studio di quanto è giusta alimentazione per la mente dell'uomo. Attraverso la lettura consapevole, il gratificante sforzo di ricercar quanto si cela alla forma scritta e all'apparenza delle parole, l'attento lettore potrà non solo aver sensazione del mondo di pienezza spirituale, e parimenti dell'umiltà e della spogliazione necessaria per giungervi, a cui il Filosofo ambisce, ma anche stillare, ad occhi chiusi e cuor aperto, prezioso nettare per la propria anima.

La seconda dinamica virtuosa che si potrebbe innescare, consiste nella doverosa comparazione fra quanto il Filosofo aveva ad amare, aveva a divulgare e aveva a vivere, con la condotta e l'insegnamento di tanti che a lui sostengono di richiamarsi. Purtroppo questi sedicenti maestri, dai dubbi natali, hanno facile manovra innanzi alla superficialità e alla pigrizia che sono le caratteristiche maggiormente diffuse nello spiritualista contemporaneo.

La terza dinamica, assolutamente fondamentale, è quella di spingersi ad interrogarsi su come tradurre in pratica, in Opera, la "preghiera" che forma il tessuto narrativo di questi scritti. Effettivamente i semi pensiero che andrò a proporre potrebbero rappresentare essi stessi un percorso, un piano di lavoro in cui l'argonauta dello spirito, colui che va oltre la semplice curiosità intellettuale o il fugace innamoramento, potrà trovar riflesso del proprio livello dell'essere.

Essi potranno essere cadenzati nel corso del mese lunare; essi potranno essere letti e meditati guidati dal "caso"; essi potranno essere raccolti ed accolti all'interno della propria ritualità giornaliera. Tutto ciò in guisa del genio e della volontà del praticante.

1. Sorgente eterna di tutto ciò che è, Tu che invii ai prevaricatori degli spiriti di errore e di tenebre che li separano dal Tuo amore, invia a colui che Ti cerca uno spirito di verità, che lo riconcili a Te per sempre. Che il fuoco di questo spirito consumi in me anche le minime tracce del vecchio uomo, e dopo averlo consumato, Egli faccia nascere da questo ammasso di ceneri un nuovo uomo su cui la Tua mano sacra non disdegni più di versare l'unzione santa. (dalla Preghiera 1)

2. Io verrò verso di Te, Dio del mio essere; Io verrò a Te, per quanto contaminato io possa essere; io mi presenterò davanti a Te con fiducia. Io mi presenterò in nome della Tua eterna esistenza, a nome della mia vita, in nome della Tua santa alleanza con l'uomo; e questa triplice offerta sarà per Te un olocausto dal profumo gradevole sul quale il Tuo spirito farà discendere il suo fuoco divino per consumarlo e ritornare in seguito verso la Tua dimora santa, carico e completamente colmo dei desideri di un'anima indigente che non anela che a Te. (dalla Preghiera 2)

3. Sposo della mia anima, Tu attraverso cui essa ha concepito il santo desiderio di saggezza, vieni ad aiutarmi Tu stesso a donare la nascita a questo figlio diletto, che io non potrò mai troppo amare. Giacché avrà visto la luce, immergilo nelle acque pure del battesimo del Tuo spirito vivificante, affinché egli sia trascritto sul libro della vita, e sia riconosciuto per sempre come essente nel numero dei fedeli membri della Chiesa dell'Altissimo. (dalla Preghiera 3)

4. Signore, come oserò guardarmi un solo momento senza rabbrividire d'orrore della mia miseria! Io vivo in mezzo alle mie iniquità che sono i frutti dei miei abusi di ogni genere, e che sono diventate come il mio vestimento. Io ho

abusato di ogni mia legge, io ho abusato della mia anima, io ho abusato del mio spirito, io ho abusato e io abuso ogni giorno di tutte le grazie che il Tuo amore non cessa ogni giorno di diffondere sulla Tua ingrata e infedele creatura. (dalla Preghiera 4)

5. Privami della mia volontà, Signore, privami della mia volontà; perché se io posso annullare per un solo istante la mia volontà davanti a Te, i torrenti della Tua vita e la Tua luce entreranno impetuosi in me, in quanto non vi sarà più alcun ostacolo che li fermi. (dalla Preghiera 5)

6. Ascolta, anima mia ascolta e consolati nella tua angoscia: C'è un Dio potente che vuole prendersi cura di guarire tutte le tue ferite. Egli è il solo, sì, è il solo che ha questo supremo potere, Egli lo esercita esclusivamente verso coloro che lo riconoscono come il detentore e il geloso amministratore. (dalla Preghiera 6)

7. Io mi presenterò alle porte del tempio del mio Dio, e non abbandonerò questa umile condizione di indigente, finché il Padre della mia vita non mi abbia donato il mio pane quotidiano. Eccolo che si fa avanti, questo pane quotidiano; io l'ho ricevuto, io l'ho assaggiato e voglio annunciare la sua dolcezza alle generazioni future. L'eterno Dio degli esseri; il Nome Sacro che ha preso per farsi conoscere alle nazioni visibili e invisibili; Colui che si è fatto carne; lo Spirito nel cui nome tutti si devono piegare in ginocchio verso il cielo, sulla terra e negli inferi: ecco i quattro elementi immortali che compongono questo pane quotidiano. (dalla Preghiera 7)

8. Uniamoci, uomini di pace, uomini di desiderio; uniamoci a contemplare in un santo timore la portata della misericordia del nostro Dio, e unitamente diciamogli che tutti i pensieri degli uomini, tutti i loro desideri più puri, tutte le loro azioni più giuste, non potrebbero insieme

avvicinarsi al più piccolo gesto del Suo amore. (dalla Preghiera 8)

9. Signore, come ci sarebbe possibile qui in basso cantare gli inni della città santa? È nel mezzo dei torrenti delle nostre lacrime che noi possiamo far intendere i canti di gioia e di giubilo? Se io apro la bocca per formare i primi suoni, i singhiozzi mi opprimono e io non posso lasciare sfuggire che dei sospiri e gli acuti del dolore, e spesso anche questi singhiozzi si soffocano nel mio petto, o ben nessun orecchio caritatevole è vicino a me per udirgli e portarmi del sollievo. (dalla Preghiera 9)

10. Avrai la forza, anima mia, di contemplare l'enormità del debito che l'uomo colpevole ha contratto nei confronti della Divinità? Ma se hai avuta quella di abbandonarti al crimine, tu ne puoi ben comprendere tutto l'orrore. (dalla Preghiera 10)

11. Signore, quale sarà il mio primo cantico? Sarà completamente all'onore e alla gloria di Colui che mi ha restituito la salute, e che avrà operato la mia liberazione. Io canterò questo cantico dall'alba al tramonto; lo Canterò per tutta la Terra, non solo per celebrare la potenza e l'amore di mio liberatore, ma per comunicare a tutte le anime di desiderio e all'intera famiglia umana, il modo certo ed efficace per recuperare per sempre la salute e la vita. Insegnerò loro che con questo, lo spirito di sapienza e di verità si riposerà sul loro cuore, e li condurrà in tutte le loro vie. Amen. (dalla Preghiera 9)

12. Quando i mali mi sembreranno un favore da parte Tua, come delle opportunità di vittoria, e di ricevere dalla Tua mano le corone di gloria che Tu distribuisci a tutti coloro che combattono nel Tuo nome? Quando tutti i benefici e tutte le gioie di questa vita, mi sembreranno delle trappole verso cui il nemico non cessa di indirizzarci per stabilire nei nostri cuori un Dio di menzogna e di seduzione, al

posto del Dio della pace e della verità che dovrebbe sempre regnarvi? (dalla Preghiera 5)

13. No, io non posso amare che Te, Dio incomprensibile nella Tua indulgenza e nel Tuo amore; Io non voglio che amare Te, perché Tu mi hai molto perdonato. Io non voglio trovare un altro luogo per riposare, che il seno e il cuore del mio Dio (dalla Preghiera 8)

14. È in Lui e solo attraverso di Lui che può farsi l'opera della mia purificazione e della mia rinascita; è solo per mezzo di Lui che Tu puoi operare la nostra guarigione e la nostra salvezza, poiché utilizzando gli occhi del suo amore che tutto si purifica, Tu non vedi più nell'uomo niente di deformato, Tu non puoi che vedere questa scintilla divina che assomiglia a Te e che il Tuo ardore santo attira continuamente a Sé, come una proprietà della Tua sorgente divina. (dalla Preghiera 4)

15. Nei momenti in cui questi slanci felici ti conquisteranno, sollevati dal tuo letto di dolore, e dì a questo Dio di misericordia e di onnipotenza: Fino a quando, Signore, lascerai languire in questo stato di schiavitù e di rimprovero, questa antica immagine di Te stesso che il corso dei secoli ha sepolto sotto le macerie, ma non ha mai potuto cancellare? (dalla Preghiera 6)

16. Ahimè, Signore, è dell'uomo in miseria e in tenebra assumere tali voti e concepire così superbe speranze! Invece di poter colpire il nemico, non dovrebbe lui stesso pensare ad evitare i colpi? Invece di apparire, come un tempo, ricoperto di armi gloriose, non è egli ridotto come un oggetto d'obbrobrio, che versa lacrime di vergogna e di ignominia nelle profondità della sua solitudine, non osando neppure mostrarsi alla Luce? (dalla Preghiera 2)

17. Troppo debole per sostenere il peso del Tuo nome, io Ti rimetto la cura di elevarne l'intero edificio, e di porre le prime fondamenta al centro di questa anima che Tu mi hai

donato per essere come il candeliere che porta la luce alle nazioni, affinché esse non rimangano nelle tenebre. (dalla Preghiera 1)

18. Non c'è alternativa per l'uomo: se egli non è eternamente immerso nel profondo della Tua misericordia, è l'abisso del peccato e della miseria che lo inonda; ma anche qualora non avesse del tutto allontanato il suo cuore e i suoi occhi da questo abisso dell'iniquità, egli ritroverebbe questo oceano di misericordia nel quale Tu fai nuotare tutte le Tue creature. È per questo che io mi prosterno davanti a Te nella mia vergogna e nel sentimento del mio obbrobrio; il fuoco del mio dolore inaridirà in me l'abisso della mia iniquità, e poi non esisterà più per me che il regno eterno della Tua misericordia. (dalla Preghiera 4)

19. Ascolta, anima mia, ascolta e consolati nella tua angoscia: C'è un Dio potente che vuole prendersi cura di guarire tutte le ferite. (dalla Preghiera 6)

20. Nell'attesa che i suoi deboli piedi abbiano la forza di sostenerlo, prendilo nelle Tue braccia come la madre più tenera, e preservalo da tutto ciò che potrebbe danneggiarlo. Sposo della mia anima, Tu che non ti si conoscerà mai se non si è umili, io rendo omaggio alla Tua potenza, e io non voglio affidare ad altre mani che alle Tue, questo figlio dell'amore che Tu mi hai donato. (dalla Preghiera 3)

21. Come il fuoco consuma tutte le sostanze materiali ed impure, e come questo fuoco, che è la Sua immagine, Egli ritorna con la sua purezza immutabile, senza conservare alcuna impressione delle sporcizie della terra. È in Lui e solo attraverso di Lui che può farsi l'opera della mia purificazione e della mia rinascita; è solo per mezzo di Lui che Tu puoi operare la nostra guarigione e la nostra salvezza, poiché è utilizzando gli occhi del suo amore che tutto si purifica. (dalla Preghiera 4)

22. Sposo della mia anima, Tu attraverso cui essa ha concepito il santo desiderio di saggezza, vieni ad aiutarmi Tu stesso a donare la nascita a questo figlio diletto, che io non potrò mai troppo amare. Giacché avrà visto la luce, immergilo nelle acque pure del battesimo del Tuo spirito vivificante, affinché egli sia trascritto sul libro della vita, e sia riconosciuto per sempre come essente nel numero dei fedeli membri della Chiesa dell'Altissimo. (dalla Preghiera 3)

23. affrettati nel far discendere nel mio cuore uno di questi puri movimenti divini per stabilire in me il regno della Tua eternità, e per resistere costantemente ed universalmente a tutte le volontà estranee che vorrebbero riunirsi per combattere nel mio animo, nel mio spirito e nel mio corpo. (dalla Preghiera 5)

24. Questo verbo sacro, la cui anima è l'amore, è giunto fino a questo campo colpito dall'infertilità. (dalla Preghiera 10)

25. Questo pane quotidiano ha sviluppato in me i germi della mia vita eterna e li ha messi in grado di far passare nel mio sangue la sacra linfa delle mie radici originali e divine. I quattro elementi che lo compongono hanno rimosso dal caos del mio cuore le tenebre e la confusione; essi hanno ripristinato una viva e santa luce, invece della fredda oscurità che l'avviluppava; la loro forza creatrice mi ha trasformato in un nuovo essere, e sono divenuto il custode e l'amministratore dei loro nomi sacri e dei loro segni vivificanti. Così, per manifestare la gloria di colui che ha scelto l'uomo come suo angelo e suo ministro, io mi sono presentato a tutte la nazione. (dalla Preghiera 7)

26. Abolisci per me la regione delle immagini; dissipa queste barriere fantastiche, che pongono un'immensa separazione e una spessa oscurità tra la viva luce e me, e mi adombrano delle loro tenebre. (dalla Preghiera 1)

27. All'uomo è stato tutto rimesso, tutto è stato saldato per lui, non solamente prima che egli cominciasse ad amare, ma anche quando egli era immerso negli orrori della sua Ingratitudine e come ghiacciato interamente si presentava a colui che dall'inizio ci aveva perdonati. Ogni movimento del nostro Dio deve essere un movimento universale, e che si fa sentire in tutte le regioni degli universi. Che, come il Dio supremo, l'amore faccia un movimento universale in tutto il nostro essere, e abbracci al contempo tutte le facoltà che ci compongono. Amen. (dalla Preghiera 10)

28. È all'uomo solo a cui ha affidato i tesori della Sua sapienza; e in questo essere, secondo il Suo cuore, ha riposto tutto il Suo affetto e tutti i Suoi poteri. Egli ha detto creandolo: "Diffondi su tutto l'universo l'ordine e l'armonia di cui Io ti ho permesso di attingerne i principi nella mia stessa esistenza; esso non può conoscermi che per la giustezza delle mie opere e la fissità delle mie leggi; esso non può essere iniziato ai misteri del mio santuario; esso ha in sé solamente la misura dei miei poteri, sta a te di esercitarli in tutti i loro domini, poiché è unicamente attraverso gli atti dei miei poteri che egli può conoscere che c'è un Dio. (dalla Preghiera 7)

# Bibliografia di Filippo Goti

- Uomo Ente Magico (edizioni KDP)
- Uomo Rilfesso Sacro (edizioni KDP)
- Martinismo e Via Martinista (edizioni KDP)
- I Salmi Perduti (edizioni KDP)
- I Salmi: Storia, Preghiera, Meditazione, Magia e Angeli (edizioni KDP)
- L'Esorcismo: Storia, Significato, Tradizione Iniziatica e Pratica (edizioni KDP)
- Il mito gnostico. Abissi e vette del ritorno al Pleroma (Tipheret Editore)
- Lo Gnosticismo: il fiume carsico della gnosi (Tipheret Editore)
- La Chiesa Gnostica: il fiume carsico della gnosi (Tipheret Editore)
- Il Neognosticismo: il fume carsico della gnosi (Tipheret Editore)
- Louis-Claude de Saint-Martin e la via della preghiera: Il Cammino verso il Tempio Imperituro (Fontana Editore)

Printed in Poland
by Amazon Fulfillment
Poland Sp. z o.o., Wrocław

29994187R00040